Lernkrimi Spanisch

Negocio mortal

Mario Martín
María García Fernández

© 2012 Compact Verlag GmbH München
Alle Rechte vorbehalten. Nachdruck, auch auszugsweise,
nur mit ausdrücklicher Genehmigung des Verlags gestattet.
Chefredaktion: Evelyn Boos
Redaktion: Kerstin Nußhart
Fachkorrektur: Olga Carrasquedo
Produktion: Johannes Buchmann
Titelillustration: Karl Knospe
Lernkrimi-Logo: Carsten Abelbeck
Umschlaggestaltung: EKH Werbeagentur GbR
Typografischer Entwurf: EKH Werbeagentur GbR, Hartmut Baier

ISBN 978-3-8174-9216-9
381749216/1

www.compactverlag.de, www.lernkrimi.de

 # Vorwort

Liebe Leserin, lieber Leser,

sicher zum Lernerfolg – mit Spaß und Spannung! Die Compact Lernkrimis mit ihrer Kombination aus Lektüre und didaktischem Übungsanteil eignen sich hervorragend, um breite Sprachkompetenzen in der Fremdsprache zu erwerben. Der Lerner wird dabei durch die spannende Handlung, das angemessene Sprachniveau und den stetig ansteigenden Schwierigkeitsgrad der Übungen gefördert und motiviert.

Entwickelt nach neuesten Erkenntnissen der Fremdsprachendidaktik, sind Compact Lernkrimis das ideale Medium für einen Lernerfolg im Selbststudium. Durch die kleinen Texteinheiten und den hohen Übungsanteil sind sie aber auch als Unterrichtslektüre bestens geeignet.

So lernen Sie mit Compact Lernkrimis:

- **Mit Begeisterung lernen:** Die packende Krimihandlung motiviert Sie beim Lesen des spanischen Originaltextes.
- **Wissen intensivieren und erweitern:** Durch die Kombination aus didaktisierter Lektüre und textbezogenen Übungen testen und trainieren Sie Ihre Sprachkenntnisse effektiv. Vokabelangaben auf jeder Seite unterstützen Sie beim Lesen.
- **Systematisch lernen:** Knüpfen Sie an Ihr individuelles Sprachniveau an und setzen Sie eigene Lernziele – linear im Schwierigkeitsgrad ansteigend oder mit punktuellen Schwerpunkten von Grundwortschatz bis Hörverstehen.
- **Unabhängig sein:** Lernen Sie ganz individuell – wo und wann Sie wollen.

Viel Spaß beim **spannend Spanisch lernen**
wünscht Ihnen

Prof. Dr. Christiane Neveling
Didaktik der romanischen Sprachen, Universität Leipzig

Inhalt

Negocio mortal

Mario Martín

Cartas amenazantes

Qué maravillosamente fresco se sentía el cristal en su frente. El momento de descanso fue corto. **Como alma que lleva el diablo** miró alrededor de su gigantesca oficina. Era moderna, con decoración minimalista, y dejaba claro quién era el jefe. Normalmente **gozaba** de esa sensación de poder y de seguridad. Normalmente. Hoy no… Era un exitoso hombre de negocios. Había trabajado duro para llegar donde estaba y había hecho algún que otro sacrificio. No, nadie le había regalado nada. Y ahora esas **amenazas**…

Ejercicio 1: El plural. Bilden Sie den Plural der folgenden Wörter!

1. decoración   _____

2. cristal   _____

3. sensación   _____

4. poder   _____

5. seguridad   _____

6. fácil   _____

7. algún   _____

Esa mañana le llegó una de esas cartas por correo, cartas que ya conocía por el sobre. El contenido tampoco era nuevo: Querían dinero de él. Así de fácil. En caso de que no pagara…

De pronto alguien llamó a la puerta, sobresaltándole. ¿Quién podría ser a esas horas?

El comisario Márquez no estaba de buen humor esa mañana. Como le ocurría habitualmente desde hacía un tiempo, había vuelto a soñar con Ángela Valle, una joven y guapa estudiante a la que detuvo como culpable del homicidio de una compañera, después de una difícil investigación. En su sueño, o pesadilla, pues no sabía como calificarla, Ángela intentaba seducirle para poder huir de la prisión. No sabía por qué tenía esos sueños. Quizás debería llevar una vida menos solitaria. Aunque en su trabajo no se le note, desde que se separó de su mujer, su vida personal era bastante confusa. "En fin, no hay nada como ocuparme del papeleo burocrático para olvidar todo lo demás", pensó con ironía.

En ese momento, suena su móvil. En la pantalla ve el nombre de "Pancho", como se hace llamar Francisco Páramo, el joven agente mexicano que desde hace algunos meses trabaja en la comisaría del distrito Centro de Madrid que dirige José Márquez.

–Buenos días, Pancho, ¿qué hay?

–Jefe, tome el coche y ponga rumbo a La Castellana. Tenemos un cadáver que tiene todos los signos de haber sido asesinado.

–¿Qué signos son ésos?

–Bueno, un abrecartas clavado en el corazón…

–Sí, probablemente sea un asesinato –comenta Márquez.

como alma que lleva el diablo	als ob der Teufel hinter jmd. her wäre
gozar	genießen
amenaza *f*	Bedrohung
sobre *m*	Umschlag
sobresaltar	erschrecken
culpable	schuldig
homicidio *m*	Tötung
seducir	verführen
poner *irr* rumbo	ansteuern
asesinato *m*	Mord

–Hay más, jefe, pero prefiero que lo vea usted mismo –le dice Pancho. José Márquez baja en el ascensor hasta el aparcamiento de la comisaría, entra en su coche, mete la llave de contacto y arranca. Se prepara mentalmente para tener paciencia. A esas horas el tráfico en Madrid está imposible, y calcula que tardará casi media hora hasta llegar al lugar del crimen, aunque no está lejos.

El Paseo de la Castellana es una de las principales avenidas de Madrid, actualmente con seis carriles centrales y cuatro laterales. La Avenida recorre la ciudad desde la plaza de Colón, hasta el centro, en el Nudo Norte. Entre ambos puntos se encuentran los Nuevos Ministerios o el estadio Santiago Bernabeu, donde juega el Real Madrid, así como varios rascacielos que albergan las sedes de varias empresas, como las Torres KIO, o la Cuatro Torres Business Area, que son los edificios más altos de España.

Ejercicio 2: Vocabulario. Finden Sie das schwarze Schaf!

1. gigantesca | minimalista | ciudad | alta | central

2. llamar | color | trabajar | recorrer | albergar

3. de | con | desde | los | centro

4. estadio | edificio | torre | coche | rascacielo

5. probablemente | quizás | varias | habitualmente

En la escena del crimen, le recibe Pancho. Aunque algunos de sus compañeros vieron con malos ojos al recién llegado, desde el principio, Márquez sintió simpatía por este joven de gafas de montura negra y cabello desordenado del mismo color. Su cabello representaba perfectamente su carácter distraído. Era capaz de dejar sus llaves en un lugar, olvidarlas y encontrarlas unas semanas después, sin ni siquiera notar que las había perdido. No importaba pues normalmente dejaba abierta la puerta de su casa. Era muy confiado. Pero a pesar de eso, era el mejor asistente que el comisario Márquez había tenido nunca… Tenía algo que Márquez sólo podía llamar intuición, que le hacía adivinar a veces cómo, cuándo y en qué estado de ánimo había muerto una persona. Pancho decía que los muertos le hablaban y le contaban sus últimos momentos. El comisario Márquez tomaba estas cosas con escepticismo, y pensaba que eran supersticiones típicas de un país extraño, en el que comen todo con chile picante y hay un "Día de los Muertos".

–Buenos días, Pancho, disculpa la tardanza, ya sabes el tráfico que hay por Madrid a estas horas…

–No se preocupe, comisario, en México DF es mucho peor…

–No empieces con la nostalgia y cuéntame qué te ha dicho el cadáver –bromea Márquez.

–Pues ahorita mismo intentaba hablar con él, pero de momento no me quiere decir nada.

–No creo que quiera hablar conmigo tampoco, pero vamos a echarle un vistazo –dice el comisario.

Aunque Márquez está acostumbrado a ver imágenes muy duras, casi tiene que cerrar los ojos al ver el cadáver de la víctima, cuyo rostro ha sido horriblemente desfigurado. Mientras Márquez observa, Pancho describe sus impresiones de lo que está viendo, concentrado y como si pensara en voz alta:

–Fue acuchillado con el abrecartas que tiene en el pecho. No hay señales de lucha pero tiene dos cortes en la cara, como puede ver.

distraído	zerstreut, geistesabwesend
confiado	vertrauensvoll
adivinar	raten
chile *m* picante	scharfer Chili
tardanza *f*	Verspätung
rostro *m*	Gesicht
acuchillar	erstechen
abrecartas *m*	Brieföffner

Ejercicio 3: Sopa de letras. Finden Sie im Gitternetz die zehn versteckten Adjektive!

D	U	O	J	Ɔ	V	E	N
U	L	T	I	M	O	B	E
R	L	E	D	N	A	R	G
O	T	L	A	Ñ	F	I	R
C	I	P	X	P	O	L	A
C	O	N	F	I	A	D	O
E	U	R	O	N	E	U	B
A	A	D	T	I	A	M	G
N	B	E	E	O	L	A	G

Estoy casi seguro de que fueron hechos cuando ya estaba muerto. Puede ser algún tipo de ritual de grabar una "X" **sangrienta** en la cara de la víctima, yo no sé, pero me parece muy **cruel** y bastante innecesario porque la cuchillada ya lo había matado…

–Hmm… –dijo el inspector. Estaba acostumbrado a que Pancho, junto a sus certeras intuiciones, diera todo tipo de información, relevante o irrelevante, mezclado con comentarios personales e ideología "panchista". Después de reflexionar un momento, Márquez pregunta:

–Pancho, ¿ya sabemos quién es el **fallecido**?

–Sí, encontramos una cartera con su carnet de identidad. Enseguida se lo traigo –dice Pancho, que poco después vuelve con una cartera de piel, de la que extrae un carnet, que entrega al comisario.

sangrienta	blutig
cruel	grausam
fallecido *m*	Verstorbener
asesoramiento *m* financiero	Steuerberatung
inversión *f*	Investition

Ejercicio 4: Vocabulario. Füllen Sie den Personalausweis aus!

1. _____ : Carlos

2. _____ : Sánchez Ibahernando

3. _____ : 1 de mayo de 1964

4. _____ : Alcorcón

5. _____ : Madrid

6. _____ : Calle del Jazmín, 25, Alcobendas
   (Madrid)

–Supongo que ya han comprobado a qué se dedicaba, ¿verdad? –pregunta Márquez.

–Sí, dirigía una empresa de **asesoramiento financiero**, ASANISE… –le informa Pancho.

–Qué nombre tan extraño –comenta el comisario.

–De "Asesoría Sánchez **Inversiones** Seguras" –dice Pancho–. Había ganado mucho dinero en los últimos años, a pesar de la crisis.

–Vaya, de momento tendremos que mirar si había un móvil económico, dado el personaje, es lo más seguro. ¿Qué sabemos de sus empleados?

–Era un equipo pequeño, cinco personas, más una secretaria –comenta Pancho–. El cuerpo fue descubierto por una empleada de la limpieza, fue ella la que llamó, estaba fuera de sí.

–No me sorprende, teniendo en cuenta cómo dejaron al pobre hombre. No debió ser una sorpresa agradable…

–Comisario, si le parece bien, voy a intentar localizar a la mujer de la víctima ahorita mismo, ¿le parece bien? –pregunta Pancho.

–Sí, muy bien. Por cierto, ¿a qué hora falleció la víctima?

–En torno a las diez de la noche –responde Pancho.

–Vaya, pobres empresarios, trabajando hasta las diez de la noche –comenta Márquez con ironía.

2 Los riesgos del éxito

El comisario Márquez conduce por la Autovía del Norte, en dirección a la casa donde vivió la víctima. Para entonces, ya sabe mucho sobre el fallecido, gracias al eficiente trabajo de Pancho y de Sandra, su secretaria.

provenir	entstammen
humilde	bescheiden
urbanización f	Siedlung
lujosa	luxuriös

Carlos Sánchez estaba casado con una mujer llamada Verónica López, no tenía hijos y trabajaba casi sesenta horas a la semana. Carlos Sánchez provenía de una familia humilde. Era hijo de un mecánico, y había trabajado muy duro para convertirse en el exitoso hombre de negocios que había sido.

El comisario ve la señal de salida hacia la urbanización La Moraleja, donde vive Verónica.

Ejercicio 5: Ser o estar[i]. Lesen Sie weiter und setzen Sie die richtigen Verbformen ein!

La Moraleja **1.** _____ una lujosa urbanización residencial. **2.** _____ situada en el municipio de Alcobendas, pocos kilómetros al norte de Madrid. Hasta mediados del siglo XX, **3.** _____ una finca, utilizada como coto de caza. Actualmente, la Moraleja 4. _____

famosa por su lujo, y porque algunos de sus residentes

5. _____ cantantes, periodistas de televisión o

futbolistas del Real Madrid. En general, la mayoría de los

residentes de esta urbanización 6. _____ nuevos

ricos que 7. _____ orgullosos de haber podido ad-

quirir una casa en la zona más selecta de Madrid.

Márquez aparca su coche junto a una casa blanca, inmensa, y que por las columnas que tiene parece un templo griego. Una mujer alta y delgada, con una larga cabellera negra y ondulada, le abre la puerta con estas palabras:

–¡Por fin! Por Dios, pero ¿para qué pagamos impuestos si los policías son los más lentos del mundo? Les llamé hace dos horas. ¡Dos horas! Y ahora vienen…

Márquez se da cuenta de que la mujer había llamado a la policía porque su esposo no había regresado a casa y no sabe aún la noticia. Con la mayor delicadeza, le comunica la muerte de su esposo. Enseguida, Verónica empieza a llorar, desesperada.

–No es posible, no es posible, ¿por qué?

Márquez no sabe qué hacer, estas situaciones siempre le resultan muy difíciles. ¿Debe abrazarla, debe llamar a una psicóloga? Mien-

ser und estar
Ser wird vor allem für grundlegende oder unveränderliche Eigenschaften verwendet, **estar** hauptsächlich für Ortsangaben und Zustände, die in diesem Moment zutreffen.

tras, Verónica se ha sentado en el sofá y murmura ensimismada:

–No, no puede ser, mi Carlitos no…

Pero de repente, la señora López se levanta decidida…

–Comisario, espero que detengan al asesino de mi esposo…

–No dude que lo haremos, señora –dice Márquez, intentando hablar con **convicción**–. Pero para ello tendré que hacerle algunas preguntas…

–No me encuentro ahora muy bien para interrogatorios –dice la mujer, pero luego, antes que Márquez diga nada– pero intentaré ayudarle en todo lo que pueda.

–De acuerdo. ¿Tenía su marido enemigos personales?

–No lo sé. Yo creía que no, pero, sabe usted, hay mucha gente que tiene envidia a las personas con éxito, y mi marido había triunfado en su vida, con su propia empresa … –dice, antes de **interrumpirse** por el llanto.

–Sí es lógico –comenta Márquez–. ¿Y había notado usted algo raro últimamente?

Verónica se queda un momento pensando. Márquez observa cómo está perfectamente vestida y maquillada. ¿Tendría pensado salir o era una de esas mujeres que deben siempre mostrar una apariencia **impecable**?

–Últimamente parecía algo preocupado, incluso bastante nervioso a veces… Le pregunté si le pasaba algo, pero me dijo que eran cosas del trabajo, que la crisis, que no le apetecía hablar de ello, y yo preferí cambiar de tema.

Márquez siente mucha pena por esta mujer de unos treinta y cinco años, que acaba de quedarse viuda y, con cierta emoción, le pregunta si prefiere que venga otra persona a la comisaría para identificar el cadáver.

adquirir *irr*	erwerben
ondulado	lockig
impuestos *m pl*	Steuern
convicción *f*	Überzeugung
interrumpirse	sich unterbrechen
impecable	makellos

Ejercicio 6: Antónimos. Wie lauten die Gegenteile? Ordnen Sie zu!

1. ☐ humilde
2. ☐ importante
3. ☐ seguro
4. ☐ rápido
5. ☐ decidido
6. ☐ fresco
7. ☐ tranquilo

a) confuso
b) cálido
c) nervioso
d) irrelevante
e) rico
f) incierto
g) lento

–No. De ninguna manera. Esto se lo debo a mi marido –dice Verónica López con **firmeza**, levantándose del sillón.

–De acuerdo. Dentro de un rato le llamará un compañero para darle los detalles –dice Márquez, admirando el valor de esa mujer–. Seguiremos en contacto.

Verónica estrecha la mano del comisario y antes de despedirse, le repite:

–Por favor, encuentre a quien hizo esc a mi marido.

Antes de volver a la comisaría, Márquez decide dar una vuelta por el **vecindario**. Cada casa está rodeada por un amplio jardín, y debe tener cuidado, pues no pocos de estos jardines están custodiados por algún **feroz** perro guardián. Márquez llama en primer lugar a una casa situada enfrente de la **mansión** de los Sánchez. El comisario toca el **timbre** pero tarda en obtener respuesta.

–¿Quién es? –pregunta una voz **malhumorada**.

—Comisario Márquez, policía de Madrid.

El detective escucha un extraño ruido, como un grito de susto. "Casi nunca somos una sorpresa agradable", pensó.

—Espere un momento, por favor, enseguida le abro –le dicen desde detrás de la puerta.

—No necesito entrar en su casa, señor…

Antes de terminar su frase, se abre la puerta, y un hombre de unos treinta y dos años, despeinado y que parece que acaba de levantarse, le mira con cara de susto. A Márquez su cara le resulta conocida, aunque no sabe de qué.

—Buenos días, comisario. Julio Muñiz, para servirle –le dice el hombre dándole la mano. El comisario recuerda entonces de qué le suena su cara, es un periodista que hace entrevistas en un programa de televisión justo a la hora de la siesta. Más de una vez lo ha visto antes de quedarse dormido sobre el sillón.

—Ah, sí, encantado. Me gusta mucho su programa –miente Márquez. Su comentario parece despertar enseguida al periodista.

—¿De verdad? Muchas gracias, señor… Perdone, he olvidado el nombre…

—Comisario José Márquez.

—Muchas gracias, señor Márquez. ¿Y en qué puedo ayudarle?

—Se trata de su vecino, Carlos Sánchez –empieza Márquez.

—Sí, claro, es amigo mío –dice Julio Muñiz, sonriendo–. Espero que no se haya metido en problemas…

—Carlos Sánchez ha aparecido asesinado esta mañana –le informa Márquez con frialdad.

—Pero ¿cómo es posible? No puede ser… –dice Julio Muñiz, con el rostro pálido–. ¿Cómo ha sido?

firmeza f	Beharrlichkeit
vecindario m	Nachbarschaft
feroz	grausam
mansión f	Villa
timbre m	Klingel
malhumorado	schlecht gelaunt
susto m	Schreck
despeinado	schlecht gekämmt
para servirle	hier: zu Ihren Diensten
pálido	blass

–Esto es lo que queremos **averiguar**. Ha aparecido **apuñalado**. ¿Eran ustedes muy amigos?

Ejercicio 7: Imperfecto o Indefinido. Lesen Sie weiter und setzen Sie die richtigen Verbformen ein!

-Bueno, **1.** nosotros – conocerse _____ hace poco

tiempo. **2.** yo – mudarse _____ a la Moraleja

hace seis meses. Me **3.** ellos – aumentar _____

el **sueldo**, ¿sabe usted? Y **4.** yo – pensar _____,

pues vamos a vivir a lo grande...

"Como a todos los ricos, le gusta mucho hablar de sí mismo", piensa Márquez, que le interrumpe.

-Entonces, ¿ **5.** ustedes – ser _____ amigos o no?

-Sí, podría decirse que **6.** nosotros – empezar _____

a serlo. **7.** nosotros – ir _____ a jugar al pádel

una o dos veces al mes, cuando **8.** nosotros – poder

_____ los dos, que no era fácil, yo tengo que viajar

mucho por el programa... Pero sí, **9.** él – ser _____

un gran tipo, y su mujer Verónica también, muy simpática... y

muy guapa también... -dice Julio Muñiz.

—Acabo de estar con ella.

—Debe haber sido un golpe terrible. ¿Cómo se encuentra? –pregunta Muñiz, con tono preocupado.

—Está **destrozada**, pero parece una mujer fuerte –dice Márquez.

—Iré a visitarla pronto, a darle mi **pésame** –dice Muñiz.

—Una última cosa, señor Muñiz –insiste Márquez–. ¿Su amigo le pareció que se comportara de una manera rara últimamente?

—Ahora que lo dice, un poco sí. Normalmente era muy **competitivo**, y aunque no me guste reconocerlo, casi siempre me ganaba al pádel, pero la última vez estaba como **ausente**, le gané muy fácilmente, esto me extrañó, pero él no me dijo nada, y ni siquiera se enfadó por haber perdido.

—¿Usted no le preguntó qué le ocurría?

—No, y ahora **me arrepiento** –dice Julio Muñiz en tono triste–. Seguramente andaba en problemas, yo la verdad es que estaba muy contento de haberle ganado por fin, y no le pregunté.

—De acuerdo, gracias por su colaboración –dice Márquez.

Mientras camina hacia la siguiente mansión, Márquez piensa que parece evidente que Carlos Sánchez sabía que estaba amenazado. La información del periodista Muñiz le ha sido útil. Lo único que no le acaba de gustar es que parece que está interesado en la joven viuda de Sánchez…

Cuando llega a la puerta y llama, escucha unos agresivos **ladridos** detrás de la puerta. "Vaya, justo lo que temía", piensa. Aquí también tardan en responder, y finalmente lo hace una voz femenina con acento extranjero.

—¿Quién es?

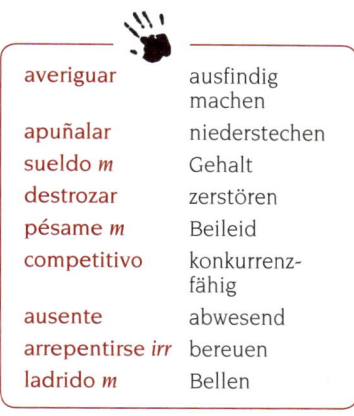

averiguar	ausfindig machen
apuñalar	niederstechen
sueldo *m*	Gehalt
destrozar	zerstören
pésame *m*	Beileid
competitivo	konkurrenzfähig
ausente	abwesend
arrepentirse *irr*	bereuen
ladrido *m*	Bellen

Ejercicio 8: Palabra escondida. Übersetzen Sie die Begriffe und finden Sie das Lösungswort!

1. frisch ☐ _ _ _ _ _

2. fragen _ _ _ ☐ _ _ _ _

3. Brief _ _ _ ☐ _

4. Haar _ _ ☐ _ _ _ _

5. stolz ☐ _ _ _ _ _ _ _

6. Ort ☐ _ _ _ _

7. letzter _ _ _ ☐ _ _

8. fühlen ☐ _ _ _ _ _

9. zufrieden _ _ _ ☐ _ _ _ _

10. Kampf _ _ _ _ ☐

Lösung: ☐ ☐ ☐ ☐ ☐ ☐ ☐ ☐ ☐ ☐

–Comisario Márquez, de la policía de Madrid.

–¿Qué quiere? Mi marido no está…

–Sólo hacerle unas preguntas sobre un vecino.

Finalmente, le abre la puerta una mujer alta, de larga cabellera negra, ojos azules y labios carnosos pintados de rojo. Lleva un vestido rojo, seguramente muy caro.

–Lo siento, pensaba que era mi marido, debe volver pronto de los **entrenamientos**.

El detective Márquez **deduce** que está hablando con una modelo, casada con algún futbolista del Real Madrid o del Atlético de Madrid, los dos equipos más importantes de la ciudad. La modelo invita a entrar a su casa a Márquez y le **sirve** una coca-cola.

carnoso	fleischig
entrena-miento *m*	Training
deducir *irr*	ableiten
servir *irr*	bedienen
celoso	eifersüchtig
borrar	löschen

Márquez le cuenta rápidamente el caso de Carlos Sánchez, pero la modelo, que se ha presentado como Irina, dice que no lo conocía, que su marido es muy **celoso** y no le gusta que hable con los vecinos.

–Es ridículo, no le importa que me vean desnuda los fotógrafos, pero se pone furioso si hablo con el cartero –comenta, sonriendo.

Márquez, algo sorprendido por el comentario, no puede evitar imaginársela desnuda, pero **borra** esa imagen de su cabeza, para seguir preguntándole si su marido le habló de ese vecino.

–No, pero últimamente había algo extraño… –dice Irina, mientras pasea por el salón y sirve a Márquez una **bandeja** con **nueces** y **aceitunas**. Al agacharse, el comisario huele un perfume que le deja casi **mareado**, tanto como la breve visión del **escote** de Irina.

–¿A qué se refiere? –pregunta, intentando sonar firme.

–Bueno, mi marido al menos me deja hablar con mis vecinas –sonríe Irina–. Y la señora de al lado, una mujer mayor, actriz española, me dijo que había un fantasma que recorría las calles por las noches…

–Vaya, ¿es muy mayor esa mujer? –pregunta Márquez, con escepticismo.

–No, no piense usted que está loca. ¡Yo lo vi a ese fantasma!

–¿Cómo dice?

bandeja *f*	Tablett
nueces *f pl*	Nüsse
aceituna *f*	Olive
mareado	schwindelig
escote *m*	Dekolleté

–No era un fantasma, era un hombre, yo creo que joven, que andaba escondido detrás de los **setos**…

–¿Pudo verlo de cerca?

–No. Era una noche en la que yo no podía dormir. Me asomé al balcón y lo vi. Me **asusté** y se lo dije a mi marido, él salió furioso, y luego me dijo que seguramente era algún **pervertido** que me estaba espiando. Para colmo se enfadó conmigo por haber salido al balcón en pijama…

Márquez, se siente algo incómodo en esta situación. Irina es sin duda muy bella, tiene que hacer esfuerzos para no mirar sus piernas a pocos centímetros de las suyas, y no le **apetece** estar cuando llegue su marido. Además, acaba de darse cuenta de que el rostro de Irina se parece bastante al de Ángela Valle…

En ese momento, suena su móvil. Es el número de Pancho.

–Jefe, ¿dónde está? Llevo buscándolo por toda la comisaría un buen rato…

–Estoy en La Moraleja, ¿qué ocurre?

–Veo que ya no quiere trato con los pobres –bromea Pancho, y luego cambiando de tono–. Véngase enseguida, había una carta en el bolsillo de la víctima, parece que se trataba de un **chantaje**, y además ya están las pruebas del **forense**.

–De acuerdo, voy enseguida –dice Márquez, y cuelga–. Señora, tengo

seto *m*	Zaun
asustar	erschrecken
pervertido	pervers
apetecer *irr*	Lust haben
chantaje *m*	Erpressung
forense	Gerichtsarzt
atragantarse	sich verschlucken
sostener *irr*	halten

que irme. Muchas gracias por su… –el detective **se atraganta** con una aceituna, e Irina se acerca a él, dándole golpes en la espalda y **sosteniéndole** la cabeza.

–¿Se encuentra bien?

Por un momento, Márquez tiene la loca idea de **fingirse inconsciente**. ¿Le haría la respiración boca a boca o llamaría a la ambulancia? Ante el ridículo de la segunda opción, se despide **apresuradamente**.

—Muchas gracias por su colaboración, ha sido un placer.

—El placer fue mío. Vuelva cuando quiera, comisario —le dice Irina, con una gran sonrisa y mirándole fijamente.

fingir	vortäuschen
inconsciente	bewusstlos
apresurada-mente	eilig

3 Las amistades peligrosas

Cuando Márquez llega a la comisaría, nota el típico nerviosismo de los momentos cuando parece aparecer una pista que llevará al asesino. Cuando Pancho ve aparecer a su jefe, sonríe con sus grandes dientes, está deseando contarle.

–A ver, Pancho, qué tenemos ahí.

–No sé cómo no la descubrimos, estaba en un bolsillo interior de su chaqueta, es una carta de chantaje –le informa Pancho.

Márquez toma la carta y lee: "Es mi última advertencia, Carlos. Ya sabes que no bromeo con estas cosas. Un millón de euros, hasta el lunes por la tarde".

–¿Hay huellas dactilares? –pregunta Márquez.

–No, el chantajista fue muy cuidadoso, ya ve que está escrita a máquina. Tampoco sabemos de dónde se la enviaron, Carlos Sánchez no guardó el sobre –dice Pancho.

–Esto quizás podamos averiguarlo en su oficina. Por cierto, la esposa del fallecido vendrá a reconocer el cadáver.

–¿Verónica López? Ya estuvo aquí, se fue unos minutos antes de que llegara usted –responde Pancho.

–Vaya, qué rapidez –comenta Márquez, sorprendido.

–Sí, pasó al depósito, miró el rostro y dijo "es él". Se echó a llorar, intenté consolarla, pero se fue,

pista *f*	*hier*: Spur
bromear	Witze machen
percibir	wahrnehmen
echar un vistazo	einen Blick werfen
intimidar	einschüchtern
sótano *m*	Keller
enterarse	erfahren

casi corriendo. Por otra parte, también tenemos el informe del forense…

–¿Y qué dice Guillermo? –pregunta Márquez.

–Pues que el homicidio tuvo lugar entre las diez y las diez y media de anoche. La muerte se produjo por herida en el corazón, y los dos cortes en la cara fueron hechos cuando ya estaba muerto. Justo como yo dije –añade Pancho sonriendo.

–Y bueno, ¿tú, qué? ¿Hablaste ya con el muerto? –le pregunta Márquez a Pancho en tono irónico.

–Pues lo intenté antes de que llegara la viuda, pero todavía no quiso decirme nada, es muy raro. Le llamo por su nombre y no **percibo** ninguna señal, pero ninguna, es como si hubiera un bloqueo… –dice Pancho, mientras Márquez le escucha sin saber si admirarlo o pensar que le está tomando el pelo.

–Creo que me gustaría **echarle un vistazo** de nuevo –dice Márquez, de repente.

–¿Quiere ir solo, jefe? –pregunta Pancho–. Como quieras, no me importa que vengas, quizás le **intimidas** cuando vas solo y te hable ahora que voy contigo.

Pancho sonríe y no dice nada. Márquez aprecia la paciencia de este joven mexicano con sus bromas. Bajan juntos al depósito de cadáveres, situado en el **sótano**, Márquez abre la puerta con una tarjeta, y pregunta a su compañero:

–Bueno, ¿dónde está el pobre Carlos?

–Es en ese cajón frigorífico –señala Pancho, avanzando y abriendo con decisión–. ¿Pero qué es esto?

–¿Qué ocurre? –pregunta Márquez acercándose, preparado para una visión horrible. Pero no hay lo que esperaba. De hecho, no hay nada, y el cadáver de Carlos ha desaparecido.

Pronto **se enteran** de lo ocurrido. Verónica comunicó a Juan Calvo, el ayudante del forense Guillermo, que tenía autorización para

Ejercicio 9: Negativo. Setzen Sie die folgenden Sätze ins Negativ!

1. Por favor, ven mañana a mi casa.

   _____

2. Creo que ella vive todavía en Madrid.

   _____

3. Pensaba que habías leído ese libro.

   _____

4. Creo que sus abuelos tienen ordenador portátil.

   _____

5. Díselo a nuestros padres.

   _____

6. Cierra la puerta cuando salgas.

   _____

llevarse el cadáver y un coche de una funeraria se lo llevó casi inmediatamente. En la comisaría **reina** una atmósfera **frenética**.
–¿Pero cómo es posible? ¡Ese Juan es un ingenuo! ¡No me lo puedo creer! –grita Márquez, mientras Pancho y el resto de agentes llaman a todas las funerarias y **tanatorios** de Madrid para preguntar por sus últimos trabajos. También llaman al móvil de Verónica, pero nadie responde. De repente, Pancho tiene una idea.

–Pero quizás no vayan a enterrarlo, jefe –comenta.

–¿A qué te refieres? ¿Crees que enloqueció y quiere guardarlo en su casa? –pregunta Márquez.

–Quizás vaya a incinerarlo… Es algo cada vez más habitual.

–Tienes razón, Pancho. Habrá que llamar también a las incineradoras de Madrid y alrededores.

Enseguida se confirma que Pancho tenía razón. Cuando llaman a la incineradora "La antorcha", les confirman que acaba de llegar una mujer joven con un cadáver a nombre de Carlos Sánchez.

–¡Paren inmediatamente! ¡Ni se les ocurra tocar al muertito! –les ordena Pancho.

Márquez mira con simpatía a su compañero, que va cogiendo confianza e incluso parece que va adoptando sus modales algo bruscos. A continuación habla por el móvil con Verónica, que le responde en tono desafiante.

–Creo que tengo derecho a organizar los últimos momentos con mi marido. Él siempre dijo que quería ser incinerado y que dispersara sus cenizas por la Sierra de Madrid, donde pasamos momentos muy felices –dice Verónica y termina con un sollozo.

–No discuto su derecho, pero estamos en una investigación policial y ese cuerpo es la pista principal para encontrar al asesino de su marido –le responde Márquez, ya algo más calmado.

–De acuerdo, discúlpeme, pensaba que ya habían hecho todas las pruebas que tenían que hacer… –dice Verónica, también ya más tranquila y en tono triste.

–Le prometo que en cuanto podamos le entregaremos el cuerpo de su esposo –dice Márquez.

reina *f*	Königin
frenético	hektisch
tanatorio *m*	Leichenhalle
incinerar	verbrennen, einäschern
incineradora *f*	Verbrennungs- anlage
antorcha *f*	Fackel
desafiante	herausfor- dernd
dispersar	verstreuen, verteilen
sollozo *m*	Schluchzen

De vuelta a la comisaría, tras un día agotador, Márquez felicita a Pancho por su idea.

–Menos mal que lo pensaste, Pancho. Un poco más y ya sería ceniza el cadáver.

–Sí. Qué prisas tenía la viuda, ¿no? –comenta Pancho.

–Bueno, se puede comprender. Era la última voluntad de su marido. Además no debe ser muy agradable verlo cómo le dejó el asesino… –dice Márquez.

–Tiene razón. ¿Y ahora que hacemos, jefe? –pregunta Pancho.

–De momento, yo pienso acostarme temprano, por una vez. Mañana será un día largo. Debemos investigar todo lo relacionado con esa carta.

–¿Sospecha de alguien?

–Pienso que debemos mirar en dos ámbitos: el lugar de trabajo y las amistades. Si te parece bien, yo hablaré con los compañeros de trabajo de Sánchez, y tú preguntarás a sus vecinos. Sobre todo a los más cercanos: un periodista y un futbolista, yo te daré los datos. También puedes volver a hablar con Verónica.

De camino a casa, el comisario Márquez para en un bar y pide un bocadillo de calamares, pues no le apetece cocinar. Pero ya en su modesto piso del barrio de Carabanchel, se da cuenta de que no tiene nada de sueño. Abre una botella de vino tinto y enciende la televisión. Hay una serie policiaca, de casos paranormales. "Qué tontería. Faltaría eso, que tuviera que luchar contra fantasmas o muertos vivientes", piensa. Por otra parte, "¿creerá Pancho realmente en lo que dice sobre sus conversaciones con los cadáveres?". Cambia de canal. Hay anuncios. Se sorprende al reconocer la cara de una modelo que anuncia una marca de perfume. Tarda un momento en darse cuenta de que es la esposa del celoso futbolista, que le invitó a "volver cuando quisiera".

ámbito *m*   Umfeld

Ejercicio 10: Participio. Bilden Sie das Partizip folgender Verben! Achten Sie auf die unregelmäßigen Verben!

Beispiel: dar → *dado*

1. trabajar   _____

2. deber   _____

3. hacer   _____

4. ir   _____

5. ser   _____

6. escribir   _____

7. abrir   _____

8. descubrir   _____

9. ver   _____

10. decir   _____

Definitivamente, no hay nada que le tranquilice en la televisión. Finalmente encuentra un documental sobre la vida de los leopardos, y va quedándose dormido en el sofá.

Pero Márquez no pasa una buena noche. Vuelve a soñar con Ángela Valle, que en el sueño se transforma en la modelo Irina, que está vestida con la camiseta de un equipo de fútbol y le invita a entrar en su casa. En ese momento aparece su marido, el futbolista furioso, con un abrecartas que le clava en la cara. En ese momento, Márquez despierta, cubierto de sudor.

–**Malditas** pesadillas, tendré que ver a un psicólogo –se dice. Además tiene dolor de cabeza. –Maldito vino barato, nunca volveré a comprarlo.

Márquez mira el reloj. Son las siete y media de la mañana. Se levanta y se prepara un café. Una hora después está esperando a la puerta de ASANISE, la asesoría financiera que dirigía Carlos Sánchez.

Una mujer de unos treinta años, con pelo teñido de rubio y un traje de chaqueta, atractiva pero con cara de cansancio, se extraña al verlo frente a la puerta.

–Buenos días. Aún falta media hora para que🛈 abramos. ¿Qué deseaba?

–Usted debe ser Ana Hernández, ¿verdad? –pregunta Márquez.

–Sí, ¿en qué puedo servirle?

–Soy el comisario Márquez. Usted encontró el cadáver de Carlos Sánchez y avisó a la policía.

La secretaria palidece al escuchar las palabras del comisario, y habla un poco nerviosa:

–Sí, perdone. Es que la otra vez vino un chico mucho más joven… –se disculpa–. ¿En qué puedo ayudarle?

Márquez intenta disimular la molestia de ver que Ana lo considera un **anciano**, y le pregunta:

–¿Sabe usted que su jefe estaba siendo **chantajeado**?

–¿Cómo? No, es la primera noticia que tengo. ¿Y por quién?

–Eso es lo que me gustaría saber. ¿Usted no tiene ninguna idea de alguien que pudiera conocer secretos sobre él, por ejemplo de su vida privada?

> **para que**
>
> Auf bestimmte Konjunktionen wie **hasta que, sin que, para que, antes de que** oder **siempre que** folgt der *subjuntivo*.

La secretaria, de repente, **enrojece**, pero dice:

–No, no sé a qué puede referirse.

–¿Usted lo conocía bien? –pregunta.

Ana Hernández parece dudar, pero finalmente le dice, cerrando la puerta detrás de sí:

–Creo que es mejor que se lo diga, pero, por favor, no se lo diga a nadie, sobre todo a Verónica…

–Puede confiar en mí, se lo prometo. Cuénteme –dice Márquez.

maldita	verdammt
anciano *m*	Greis
chantajear	erpressen
enrojecer	rot werden

–Pues, verá… –empieza la secretaria titubeante–. Antes que se lo diga otro compañero de la agencia… Carlos y yo, bueno, tuvimos una relación…

–¿Una relación de qué tipo?

–Pues una relación, fuimos amantes –dice Ana, algo nerviosa.

–De acuerdo. ¿Sabe usted si Verónica sospechaba algo?

–No creo. Además, duró poco tiempo. Él dijo que había sido un error, que quería a su mujer, que debíamos terminar nuestra relación…

Ejercicio 11: Tiempos verbales. Lesen Sie weiter und setzen Sie die Verben ins Imperfecto oder Indefinido!

–¿Usted lo **1. aceptar** _____?

–Sí. Me **2. doler** _____, porque **3. estar**

_____ enamorada de él, pero lo

4. comprender _____. Él **5. querer**

_____ mucho a Verónica, aunque a veces

31

6. quejarse _____ de que ella no lo

7. comprender _____ .

–¿Por qué **8. creer** _____ eso?

–Él **9. tener** _____ mucho estrés, a veces

10. quedarse _____ trabajando hasta muy tar-

de, y ella **11. enfadarse** _____ mucho cuando

lo **12. hacer** _____ sin avisar.

–Y usted, en cambio, le **13. comprender** _____...

–Sí, eso me **14. decir** _____ él.

–Y nunca le **15. hablar** _____ de alguna perso-

na que... ¿le planteara dificultades? –pregunta Márquez.

–Mmmm... Ahora que recuerdo. Una vez **16. decir**

_____ que no le extrañaría que su esposa le en-

gañara con su vecino, que ella le **17. mirar** _____

mucho. Pero yo creo que **18. ser** _____ para

no sentirse él culpable.

–¿A qué vecino se refería? ¿A un futbolista quizás?
–No sé, sólo sé que iban a jugar al tenis juntos.
–¿Al tenis o al pádel?
–Perdón, al pádel. ¿Es que le conoce?

–Digamos que sí. ¿Habló alguna otra vez de alguien con quien hubiera tenido una discusión, por pequeña que fuera?

–No creo… –dice la secretaria, que de repente se acuerda–. Bueno, ahora que lo dice. Una noche me contó, muy alegre, que había visto a un primo al que no encontraba desde hacía quince años…

–Pero, ¿qué tiene eso que ver? –pregunta Márquez.

–Una semana después, o algo así, le pregunté si había vuelto a ver a su primo, y él puso una cara que nunca le había visto, como si hubiera sufrido una gran decepción. Dijo que su primo había cambiado mucho, y que prefería no verlo nunca más.

–¿Explicó por qué?

–No, yo le dije si habían discutido, y él me dijo que no tenía ganas de hablar de temas **desagradables**. Vi que no quería hablar de eso y no **insistí**.

–¿Recuerda el nombre del primo?

–Mmm… Creo que era Ricardo, o Richy, como me dijo que lo llamaban de pequeño.

–De acuerdo. Puede ser útil saberlo –dice Márquez.

En ese momento llaman a la puerta del despacho, y abre un hombre de unos cincuenta años, muy alto y con barba gris.

–Ah, perdona, Ana, no quería molestar, sólo preguntarte una cosa.

–Sí, enseguida te atiendo, Eduardo. Comisario, le presento a Eduardo Mora, el gerente de ASANISE.

| **desagradable** | unangenehm |
| **insistir** | auf etw. bestehen |

–Encantado –dice Márquez, dando la mano a Eduardo Mora, que le responde haciendo lo mismo, con una sonrisa–. Si le parece, quisiera hacerle también unas preguntas a usted.

Después de hablar con Eduardo Mora, Márquez interroga al resto de empleados de ASANISE. Ana Martínez, responsable de relaciones públicas, Rafael Gutiérrez y Josefina Posada, agentes de inversiones.

Ninguno de ellos le aporta nuevas informaciones. De todos modos, Márquez piensa que el gerente es el más beneficiado por la muerte de Sánchez, ya que ha pasado a dirigir la empresa.

Ejercicio 12: Comprensión. Welche Sätze sind korrekt? Kreuzen Sie an!

1. Julio Muñiz era amigo de la víctima. ☐

2. Julio Muñiz estaba interesado en la viuda de la víctima. ☐

3. El diagnóstico del forense coincidió con lo que creía Pancho. ☐

4. Irina está casada con un futbolista famoso. ☐

5. Ángela Valle es una modelo que anuncia perfumes. ☐

6. Ana Hernández y Carlos eran amantes cuando él murió. ☐

7. Ana Hernández ocultó esto a Márquez. ☐

De regreso a la comisaría, para en un restaurante cercano a la Plaza Mayor. Aunque es muy céntrico, tiene buenos precios. Márquez pide cocido madrileño y chuletas de cordero. La comida es sabrosa pero luego se arrepiente, pues es pesada y le da ganas de dormir. Llegado a la comisaría encarga un café solo, bien cargado, mientras espera las noticias de Pancho.

Cuando Pancho llega, una hora más tarde, Márquez nota algo extraño en él, como si estuviera bajo el efecto de una experiencia fuera de lo normal.

–¡Hola Pancho! Te estaba esperando, ya me extrañaba que tardases tanto –dice Márquez–. ¿Cómo te fue por la Moraleja?

–Pues… Viví cosas… –dice Pancho en tono soñador, pero luego se repone–. Vi cosas muy extrañas.

–¿Cómo qué?

–Pues en primer lugar fui a ver a ese periodista que usted me dijo, pero no estaba en su casa.

–Vaya, qué mala suerte –comenta Márquez.

–No, no se preocupe, comisario. Lo encontré, de Pancho no es tan fácil escapar –sonríe el mexicano.

–¿Dónde estaba?

–No lo va a creer. Estaba en casa de los Sánchez, en una actitud muy extraña con Verónica. Vi como estaba intentando abrazarla, pero ella no se dejaba. Cuando llegué se apartaron, él explicó que había venido a darle el pésame, pero no me convenció –dice Pancho, con una sonrisa.

–Quería darle el pésame de una manera demasiado **efusiva**, me parece a mí –comenta Márquez.

–Sí, pero por lo demás no me aportaron nada nuevo. Verónica me preguntó cuándo podría incinerar a su marido, le dije que tuviera paciencia, y ya está.

–¿Y pudiste hablar con el vecino futbolista? –pregunta Márquez. Para su sorpresa, la cara de Pancho se pone **colorada** como nunca la había visto.

–No, no estaba. Sólo su esposa – responde.

–Ah, sí, Irina. ¿Qué tal con ella? –pregunta Márquez, y ve cómo el rostro de Pancho se vuelve aún más rojo.

–Muy bien… Esto, bien, quiero decir –contesta Pancho.

beneficiar	profitieren
cocido *m* madrileño	Kichererbseneintopf (typisches Gericht aus Madrid)
chuletas *f pl* de cordero	Lammkotelett
sabrosa	lecker
efusiva	warmherzig
colorada	*hier*: rot

–¿Añadió alguna información de interés? –pregunta Márquez.

–No sabía nada de Sánchez. Cuando abrió la puerta estaba en bikini, decía que iba a tomar un baño en la piscina… ¡Qué mujer! Me invitó a tomar un cóctel en su casa…

–dice Pancho, y se interrumpe.

–¿Ah, sí? ¿Y qué más? –pregunta Márquez.

ocultar — verbergen

–Nada más, comisario –contesta rápidamente Pancho–. Tomé el cóctel, sin alcohol, por supuesto, y luego me marché.

Márquez no sabe si creerlo, el rostro soñador de Pancho le hace pensar que **oculta** algo, pero al fin y al cabo no cree que afecte a la investigación.

Ejercicio 13: El gerundio. Setzen Sie die folgenden Verben ins Gerundium! Achten Sie auf die unregelmäßigen Verben!

Beispiel: averiguar → *averiguando*

1. soñar _____

2. beber _____

3. creer _____

4. vivir _____

5. ir _____

6. ser _____

7. decir _____

8. poder _____

–De acuerdo. Parece que los vecinos no pueden aportar mucho, al menos en cuanto a esta investigación. Por mi parte, tengo dos posibles sospechosos: el gerente de ASANISE y un primo de Carlos Sánchez, del que no tengo el nombre. Intenta averiguar todo lo que puedas sobre ellos, yo voy a repasar algunas cosas.

En realidad, Márquez necesita descansar un poco. Cierra la puerta de su despacho y, sentado sobre la silla, se duerme una breve siesta de quince minutos.

4 Escapar del pasado

A pesar de estar sentado sobre la silla, Márquez se duerme profundamente, y tiene un sueño agradable. Sueña que es un niño y está pescando con su padre. Justo cuando iba a sacar un enorme pez del agua, suenan unos golpes impacientes en la puerta y se despierta.

–¿Qué ocurre? ¿Qué es ese escándalo? –pregunta.

–Soy yo, comisario –dice Pancho, que tiene el pelo más **alborotado** aún que de costumbre, como si viniera corriendo–. ¿Ah, perdone, estaba usted durmiendo?

–No, no, ¿cómo iba a estar durmiendo? –pregunta Márquez, algo molesto–. ¿Qué pasa entonces?

–Fui a ver de nuevo al muertito…

–Ah, vaya, ¿y por fin te habló? –pregunta Márquez con **malicia**.

–Casi, casi, pero me di cuenta de algo un poco extraño.

–Bueno, ¿y de qué se trata? –pregunta el comisario con cada vez más curiosidad.

–Sus llaves –responde Pancho–. No llevaba sus llaves.

–Bueno, ¿y qué? Tú también tienes tus épocas de andar sin llaves, ¿no? –sonríe Márquez.

–Carlos Sánchez era un empresario. Me parece extraño que saliera sin llaves de su casa.

alborotado	zerzaust (Haare)
malicia *f*	Heimtücke

–Quizás se las robó el asesino.

–Es una posibilidad, pero parece extraño que en cambio no le robara la cartera…

Ejercicio 14: Frases. Bringen Sie die Wörter in die richtige Reihenfolge!

1. llaves · las · me · casa · olvidé · en

_____

2. descubierto · ese · por · fue · Pancho · detalle

_____

3. tarde · esperando · la · toda · estuve · te

_____

4. algo · oculta · él · que · creo

_____

—Quizás no tenía llaves porque le abría su secretaria, y para volver a casa le estaría esperando su mujer… —propone Márquez.
—Es posible. En todo caso resulta bastante extraño.
—Tienes razón. Creo que deberíamos volver a hacer una visita a Verónica, para preguntarle por las llaves… y por el primo de Carlos Sánchez —dice Márquez.

De nuevo, Pancho y Márquez se dirigen a la urbanización La Moraleja. El comisario duda si volver a preguntar a su ayudante por la modelo Irina, pero prefiere mantener la mente clara. Aparcan en la calle del Jazmín, y llaman al timbre de la casa de los Sánchez, ahora ya sólo de Verónica. Esperan, pero nadie abre. De repente escuchan una voz de niña detrás de ellos.

–Verónica no está, se fue de viaje.

Pancho y Márquez se dan la vuelta y ven a una niña de unos diez u once años, que conduce una pequeña bicicleta.

–Vaya, ¿y tú quién eres? –pregunta Márquez cariñosamente.

–Soy Susana. Paso las vacaciones en casa de mi abuela. Ella era una actriz famosa, ¿saben?

–¿Y dónde fue de viaje Verónica, puedes decírnoslo? –pregunta Pancho.

–No lo sé. Salió con dos maletas. Debía ir muy lejos. Yo la llamé pero ella no me escuchó. Quizás se fue por miedo al fantasma…

–¿Qué fantasma?

–Había un fantasma que se acercaba por las noches a su casa. Mi abuela y yo lo vimos, pero nadie nos cree…

Márquez sonríe al escuchar el tono de orgullo con el que la niña cuenta que ha visto al fantasma, pero por otra parte recuerda lo que Irina le dijo de aquel hombre oculto entre los setos.

–¿Podríamos hablar con tu abuela, Susana?

–Sí, claro. Aunque no sé si estará durmiendo –dice la niña.

Márquez y Pancho siguen a la niña, que les lleva a la mansión de Florinda Chaparro, que fue una famosa actriz de comedias durante los años setenta. Es una mujer gruesa, con pelo gris pero peinada y vestida con mucha elegancia.

El comisario Márquez le explica en breves palabras el crimen que están investigando y sus sospechas sobre que quizás un primo de Carlos Sánchez fuera el asesino.

–No conozco a ningún primo del señor Sánchez –dice Florinda, con seriedad–. Y ya sé que la gente dice que estoy loca, que digo que veo fantasmas. Lo de fantasma lo dice mi nieta, que tiene mucha imaginación. Era un hombre elegante, vestido con un traje de color beige… y zapatos blancos, esto me llamó la atención, quizás sea la moda de ahora, pero zapatos blancos…

En la cabeza de Pancho se produce un chispazo, y pregunta de repente:

–¿Cómo era ese traje exactamente? ¿Tenía corbata?

–Ay, hijo, eso no lo sé, yo lo vi sólo ocultándose.

–¿Podría acompañarnos a comisaría para consultar unas fotos?

–Preferiría no hacerlo, estoy ya muy mayor y no me gustan los viajes… –dice la actriz.

Márquez y Pancho **deliberan** un momento y deciden ordenar que un agente traiga las fotografías del cadáver. Cuando Florinda las ve, no tiene dudas, reconoce enseguida el traje y por supuesto, los zapatos. El muerto no es Carlos Sánchez, sino la persona que por las noches **rondaba** su casa.

| deliberar | beraten |
| rondar | bummeln |

Ejercicio 15: El plural. Bilden Sie den Plural der folgenden Sätze!

1. Tengo miedo del <u>fantasma</u>.

_____

2. <u>Ella</u> vino cuando él menos la esperaba.

_____

3. Deberías hablar más con <u>tu padre</u>.

_____

4. Ayer vi esa <u>imagen</u> y la estuve analizando.

_____

Mientras, los agentes de homicidios de la policía nacional en Madrid registran sus bases de datos y comprueban la identidad de todos los primos de Carlos Sánchez. Pronto encuentran un perfil que podría cuadrar con el cadáver. Ángel Sánchez, primo materno de Carlos Sánchez, emigrado a Estados Unidos, donde tuvo una empresa de importación de frutas que se fue a la **quiebra** en 2009. Al mismo tiempo, una orden de detención a nombre de Verónica López, la esposa de Carlos Sánchez, hace que la policía la busque en las principales carreteras y en aeropuertos. Finalmente es detenida en la sala de embarque de un vuelo rumbo a Cancún. Aunque niega todo, sabe que ya no podrá hacerlo por mucho tiempo, que Márquez ya sabe cómo su marido ocultó el asesinato y se hizo pasar por la víctima.

Qué maravillosamente fresco se sentía el cristal en su frente.
De pronto alguien llamó a la puerta, sobresaltándole. ¿Quién podría ser a esas horas? Nadie. Nadie **decente** vendría a esa hora. En ese momento lo supo. No había sido un fantasma ni una sombra **inquieta** lo que había visto en la escalera y que le había hecho volver corriendo a su oficina, donde se reprochaba ser un cobarde con demasiada fantasía, y que no debería trabajar hasta tan tarde, mientras su esposa seguramente pensaba que estaba con Ana… No era nada de lo que su cerebro **agotado** le sugería, sino mucho más fácil.

Era el **chantajista**, Ángel, su primo mayor, al que había visto meses atrás, con el que se había abierto en toda confianza, contándole sus dudas sobre su matrimonio, su aventura con la secretaria. Ángel, a quien había adorado como un héroe de pequeño, el primo **triun-**fador que había hecho una fortuna en los Estados Unidos. Su ejemplo le inspiró para llegar donde estaba… Y después de abrirle su

quiebra *f*	Pleite
decente	anständig
inquieta	unruhig
agotado	erschöpft
chantajista *m*	Erpresser
triunfador *m*	Sieger

corazón, así se lo había pagado. Pidiéndole un millón de euros a cambio de no decir nada a Verónica sobre su relación con Ana, que además ya había terminado. Le había dejado claro que no podía darle tanto dinero, acaso un préstamo mucho menor, pero él se había negado… Y su última carta venía con amenazas más graves. Carlos temblaba sentado en la silla. Si Ángel venía **armado**… Recordaba las historias que le contaba de cuando estuvo en México, donde decía haber matado a un tipo que le insultó en una cantina… Era su primo, pero a Ángel esto no le importaba, sólo quería su dinero, que ganó con tanto esfuerzo. Tenía que defenderse. Entonces lo vio, como una gota de agua en el desierto. Tomó el abrecartas. Sabía que tenía una ventaja: el factor sorpresa. Llamaron a la puerta por segunda vez. En el momento que abrió la puerta le clavó el abrecartas hasta el fondo, en el corazón. "Lo siento, Ángel, no me dejaste elección". Su primo cayó al suelo sin decir nada, en sus ojos sólo la sorpresa y la incredulidad. Carlos descubrió que no llevaba ningún arma, pero ya nunca podría saber qué venía a decirle.

armado	bewaffnet
fugaz	flüchtig

En esos momentos tuvo una seguridad de la que no se creía capaz. Pensó el plan rápidamente. Con sus guantes puestos, le cortó una X en la cara al cadáver, puso su monedero en el bolsillo de la chaqueta del muerto y se llevó la documentación de su primo. También puso en la chaqueta la última carta que había recibido, y salió del edificio como una sombra **fugaz**.

Todo fue tan fácil que Carlos se quedó paralizado cuando en el aeropuerto de Cancún, mientras esperaba a su esposa con un ramo de flores, un policía mexicano y otro español le detenían para "hacerle algunas preguntitas".

El crimen de la Giralda

Mario Martín

Vacaciones trágicas

–¿Falta mucho, mamá? –pregunta Diego, cansado de subir.

–No, hijo, sólo doce **rampas** más… –contesta su madre con una sonrisa.

–¡Estoy cansado! –protesta Diego.

–Tampoco hace falta subir hasta arriba, cariño –comenta Rufo, el padre de Diego, que parece también algo cansado.

–¡Claro que hace falta! –responde Emilia–. Eso pasa porque se pasa los días jugando a los videojuegos. Podría **aficionarse** a algún deporte…

–Te va a oír… –dice Rufo bajando la voz.

–Me da igual. ¡Qué mala idea fue comprarle esa consola!

–¡Mamá, aquí hay una mujer durmiendo! –llama Diego desde arriba.

–Déjala, habrá parado a descansar, que esta subida es **agotadora**… –dice Rufo, riendo.

–Pero tiene una **pinta** muy rara…

Cuando Emilia sube un poco más y gira por la esquina, no puede reprimir un grito:

–¡Ahhhh! ¡Qué horror!

Rufo se tapa la boca para no gritar al descubrir lo que ha visto su esposa. **Tumbada** boca abajo sobre la rampa se encuentra, una mujer joven, de larga cabellera rubia, con los ojos abiertos, el cuello extrañamente **torcido**.

rampa *f*	Rampe
aficionarse a algo	sich für etw. begeistern
agotador	erschöpfend
⚡ pinta *f*	Anschein
tumbado	hingelegt
torcido	krumm
desgarrada	*hier*: herzzerreißend

Ejercicio 1: El participio. Bilden Sie das Partizip!

Beispiel: cansarse → *cansado*

1. andar   _____

2. comprar   _____

3. dormir   _____

4. descubrir   _____

5. torcer   _____

6. ser   _____

7. ir   _____

En una vieja radio suena una voz **desgarrada**, la del **cantaor** Camarón de la Isla. El comisario Manolo Touriño se está afeitando delante del espejo. Repite, con una voz no tan impresionante como la de Camarón, la letra de la canción: *"Que mira lo que te llevo, que mira lo que te he traído, una rosa pa tu pelo, y un vestío"*…

De repente escucha otra canción al mismo tiempo: *"Ahora Betis, ahora, no dejes de atacar ahora Betis, ahora porque el gol ya va a llegar…"* Es el himno del Real Betis Balompié, el equipo de fútbol del comisario Touriño, que suena desde su móvil.

Con la cara aún cubierta de **espuma de afeitar**, corre hacia el teléfono, mira y ve que se trata de la detective Maribel Montilla, y siente un ligero **pinchazo** en el corazón.

⚡ cantaor *m*	Flamenco-sänger
espuma *f* de afeitar	Rasierschaum
pinchazo *m*	Stich

"Precisamente estaba pensando en ti, mientras escuchaba a Camarón", se dice a sí mismo, pero al responder dice otras palabras muy distintas:

–Buenos días, detective Montilla, ¿qué ocurre?

–Buenos días, comisario, ha sucedido algo. ¿Cuándo puede venir?

–¿Venir? ¿Adónde? –pregunta el comisario, pensando: "Contigo a cualquier parte, preciosa…"

–Le estaré esperando junto a la catedral…

–Vaya sitio, ¿que quiere que la acompañe a misa o algo más serio? –pregunta Manolo Touriño, imaginándose a Maribel vestida con un vestido blanco de novia, en contraste con su piel oscura y su largo pelo negro, de su brazo…

–Usted siempre tan **gracioso**, comisario. No. Ha aparecido el cadáver de una turista en la Giralda. Podría ser un **homicidio**.

El comisario Touriño **recobra** en un momento la seriedad, apaga la radio y contesta:

–En cinco minutos estoy allí.

El detective Touriño prepara rápidamente un café que bebe en dos tragos, **se viste** una camisa nueva y sale a la calle. Es un día de primavera, la mejor estación en Sevilla. No hace calor, pero sí un tiempo agradable, y el aire huele a jazmines. Al comisario le gustaría ir caminando hasta la catedral, pero tiene que coger el coche, y conducir por el Paseo de la Palmera, donde ve a varias parejas corriendo y a bastantes ciclistas. Touriño piensa que debería hacer algún deporte, está cogiendo peso. Piensa que con esa barriga va a ser difícil que Maribel Montilla, la joven detective que trabaja junto a él desde hace apenas un par de meses, se fije en él como algo más que un colega de trabajo.

gracioso	witzig
homicidio *m*	Totschlag
recobrar	zurückbekommen
vestirse	sich anziehen
esbelta	schlank
apenar	bekümmern
celos *m pl*	Eifersucht

Ejercicio 2: El gerundio. Bilden Sie das Gerundium!

Beispiel: esperar → *esperando*

1. apagar   _____

2. aparecer   _____

3. ocurrir   _____

4. sentir   _____

5. querer   _____

6. acompañar   _____

7. afeitar   _____

Afortunadamente, no hay mucho tráfico, y además el comisario tiene la suerte de cruzar casi todos los semáforos en verde hasta el final del Paseo de las Delicias.

Manolo Touriño, aunque de padre gallego, madre cordobesa y nacido en Madrid, se considera tan sevillano como el que más, desde que estudió en la Academia de Policía de la capital andaluza. Después de veinte años de vivir en esta ciudad, por su forma de hablar y de ser, nadie diría que nació en otro lugar que junto al río Guadalquivir. Se considera un enamorado de esta ciudad maravillosa, y siempre le alegra ver la **esbelta** silueta de la Giralda. Le extraña y le **apena** saber que en un lugar tan bello ha podido cometerse un crimen.

Tras aparcar cerca de la catedral, el comisario se acerca a la Puerta del Perdón, donde le espera Maribel Montilla, que conversa con un agente. Manolo Touriño siente un pinchazo de **celos**. Lo conoce, es Berto Bustos, un joven agente, muy deportista, guapo y simpático.

–Ah, qué rápido ha venido –le saluda Maribel.

El comisario Touriño, durante un momento, espera que ella le salude con dos besos, pero la detective se dirige inmediatamente a la Giralda.

–Hay que subir unos cuantos pisos –le **advierte**.

El comisario se siente un poco molesto, parece que ella nota que está en baja forma, pero se hace el propósito de que no se le note el cansancio.

Ya junto al cadáver, el agente Berto Bustos le informa:

–Se trata de una ciudadana alemana, Barbara But…

–Barbara Butzbach –completa Maribel, ante la lentitud del agente Bustos–. Era periodista, **corresponsal** en España y Portugal de un periódico de Múnich. Al parecer había estado últimamente en

advertir *irr*	warnen
corresponsal *m/f*	Korrespondent
sombrío	düster
rígido	*hier*: starr
huella *f* **dactilar**	Fingerabdruck
alojarse	unterkommen
gerente *m*	Geschäftsführer, Manager
con decisión	entschlossen

Lisboa y Madrid informando sobre la crisis económica, pero según el periódico, estaba en Sevilla pasando dos semanas de vacaciones.

–Triste final para esas vacaciones –comenta Touriño en tono **sombrío**, observando el cuerpo **rígido** de la periodista–. ¿Han tomado las **huellas dactilares**?

–No, pero la policía científica vendrá en unos minutos –contesta Maribel Montilla.

–Agente Bustos, ¿puede usted quedarse para vigilar el cuerpo? Usted, detective Montilla, puede venir conmigo al hotel donde se **alojaba** la víctima.

El detective Touriño sonríe al ver cómo Berto Bustos se marcha, dejándolos solos a él y la detective Montilla.

Ejercicio 3: Preposiciones. Lesen Sie weiter und setzen Sie die richtigen Präpositionen ein!

de (3x)	durante	con	del	en (3x)	a

1. _____ la recepción 2. _____ Hotel Primavera, situado

3. _____ el barrio de Triana, les espera ya la directora, Clara

Pallas, una mujer 4. _____ unos cuarenta años, sentada

5. _____ un cómodo sillón 6. _____ cuero negro. La señora

Pallas está muy nerviosa y 7. _____ la conversación 8. _____

los detectives, no deja 9. _____ mirar 10. _____ todos lados.

–Ustedes comprenderán que es una situación muy difícil –explica la **gerente** del hotel–. Justo antes de la Feria de Abril, algo así, no es bueno para el turismo…

–Ha muerto una persona, señora Pallas –interrumpe **con decisión** Maribel Montilla–. Lo importante es encontrar al asesino. Actuaremos con discreción pero, como comprenderá usted, eso es secundario…

–Sí, por supuesto, quizás no me he expresado bien… –intenta disculparse Clara Pallas.

–Vayamos por partes –interviene el comisario Touriño–. ¿Qué costumbres tenía la señorita Butzbach? ¿Notó algo extraño?

–No, era una chica muy normal… Como casi todos los turistas, se pasaba el día fuera… Según me han dicho las camareras, desayunaba siempre a las nueve de la mañana y se iba a visitar la ciudad, supongo que a ver los Alcázares, la Giralda… Yo creo que debió ser algún ladrón que quiso robarla, se resistió… ¿No es eso lo más probable? –pregunta la señora Pallas, cada vez más nerviosa.

–¿Se la vio alguna vez acompañada de alguien? –pregunta Touriño.

–No, ella viajaba sola, como tantos otros mochileros que recorren España. Además, uno puede divertirse en Sevilla sin necesidad de compañía, hay tanto que ver…

Mientras la gerente habla, Maribel Montilla se fija en una mujer morena que está fregando el suelo de la recepción detrás de ellos, y que parece prestar atención a lo que hablan. Mientras el comisario sigue hablando con la gerente, Maribel se disculpa un momento:

–Perdonen, ahora vuelvo –dice y, a continuación, dirigiéndose a la mujer de la limpieza–. ¿Me podría indicar dónde están los servicios?

–Ahí nomás, todo derechito –contesta la mujer, con acento ecuatoriano.

–¿Podría venir conmigo un momento? –le pregunta la detective Montilla en un susurro.

Ejercicio 4: El plural. Bilden Sie den Plural der folgenden Wörter!

1. sillón _____

2. catedral _____

3. habitación _____

4. voz _____

5. joven _____

6. canción _____

7. móvil _____

–¿Usted conocía a la víctima, no es cierto? –pregunta la detective.

–Bueno, no la conocía mucho… La veía a veces cuando iba al desayuno, mientras yo hacía las habitaciones…

–Me ha parecido que usted sabe algo más de lo que nos ha dicho la gerente… –comienza Maribel Montilla.

–Es cierto, pero…

–Tranquila, su jefa no sabrá que usted ha hablado conmigo…

–Una mañana, yo iba a entrar en su habitación, eran ya más de las diez y normalmente a esa hora ya se había ido, pero cuando iba a abrir la puerta escuché **gritos**…

–¿Qué tipos de gritos?

–Era una voz de hombre. Muy **enojado**… Creo que estaba amenazan-

mochilero *m*	Rucksacktourist
susurro *m*	Geflüster
grito *m*	Schrei
enojado	verärgert
arrepentirse *irr*	bereuen

do a la señorita, le dijo algo así como si volvía a hacer algo **se** iba a **arrepentir**, que tuviera cuidado con lo que hacía…

–¿Cómo era la voz?

–Ay, señorita, no sé, una voz normal, de un hombre joven, de aquí…

–¿No vio nunca a la víctima acompañada por ningún hombre?

–No, lo siento, no puedo decirle más.

–No se preocupe, y gracias, lo que me ha dicho puede sernos de gran ayuda.

¿Pasión fatal?

Tras informar Maribel Montilla al comisario Touriño sobre su conversación con la mujer de la limpieza, ambos deciden **recorrer** esa noche los bares de Triana.

Los sevillanos salen tarde y, por ello, han quedado a las diez en el Puente de Triana.

El comisario Touriño se siente muy nervioso. Se ha puesto su mejor camisa, se ha afeitado de nuevo y peinado cuidadosamente, e incluso

---

Ejercicio 5: Adverbios. *Muy* oder *mucho*, *tan* oder *tanto*?
Setzen Sie die richtigen Adverbien ein!

1. Es una canción _____ antigua, pero me gusta _____.

2. Ella no es _____ guapa como su hermana.

3. Ella le quiere _____ pero no _____ como él a ella.

4. Ven, es un juego _____ divertido, a nosotros nos

   gusta _____.

5. Hacía _____ que no me divertía _____.

6. ¿Por qué me haces esperar _____?

7. La Giralda no es _____ alta como la Torre Eiffel.

---

se ha echado un poco de perfume. Aunque sabe que su encuentro con la detective Montilla es parte de la investigación, nunca se han visto por la noche. Se da cuenta de que hace mucho tiempo que no estaba tan nervioso y que no miraba tanto la hora. Para calmarse se pone a **canturrear** una canción de Camarón de la Isla:

"Hoy quisiera volar… hacia el alto cielo… y coger una estrella fugaz… y ponerla en tu pelo…"

A las diez y cuarto, cuando el comisario Touriño está ya a punto de perder los nervios y va a llamar al móvil de la detective Montilla, ésta aparece por el otro lado del puente. Lleva una camisa roja y una minifalda negra, y Manuel se queda sin palabras. Como si lo **adivinara**, Maribel Montilla sonríe, y se disculpa.

recorrer	abklappern
canturrear	trällern
adivinar	erraten
titubear	stammeln
pícara	schelmisch
confuso	verwirrt

—Disculpe, comisario —dice Maribel —es que me olvidé algo en casa y tuve que volver…

El comisario **titubea**, y tiene que esforzarse por no imaginar a la detective buscando algo entre sus cajones, probándose la camisa, cambiandose la falda…

—No… no pasa nada, de todas formas es aún temprano… ¿Por dónde empezamos?

—He estado mirando en internet los mejores lugares de copas del barrio. Algunos ya los conocía —dice con una sonrisa **pícara**— pero otros no, cuando solucionemos el caso esta información va a serme muy útil…

El comisario Touriño está un poco **confuso**, y no sabe qué decir. Maribel, que parece divertirse con su nerviosismo, decide por ambos:

—Empezamos por el bar más cercano, "Las tres aceitunas".

Ejercicio 6: Ser, estar o haber. Lesen Sie weiter und setzen Sie die richtigen Verbformen ein!

El bar "Las tres aceitunas" 1. _____ lleno a **rebosar**. Aunque 2. _____ muchos turistas, la mayoría de los clientes 3. _____ sevillanos. Maribel Montilla se dirige al camarero que 4. _____ detrás de la barra y le pregunta si conocía a una turista alemana llamada Barbara. El camarero, que 5. _____ bastante joven, dice que no 6. _____ seguro de haber oído ese nombre. Apunta que a veces 7. _____ un grupo de alemanes, pero por la descripción los detectives piensan que seguramente 8. _____ estudiantes. Tampoco tienen suerte en el "Bar de Manolete", un bar taurino, en cuyas paredes 9. _____ carteles de corridas famosas y una enorme cabeza de toro.

El comisario se queda mirando una foto y exclama:
–¡El Juli! ¡Qué gran torero! No había nadie como él…
–Vaya, comisario, nunca hubiera pensado que le gustaban los toros –comenta Maribel Montilla con un gesto de disgusto.
–¿A usted no? –pregunta el detective, **repentinamente** preocupado.

–No, me parece una fiesta cruel, es lo que menos me gusta de Sevilla…

El detective Touriño queda algo triste, ya ve que hay cosas en las que no coincide con Maribel y seguramente ha bajado puntos en su estima. Se dirigen en silencio al bar "Santo Remedio". Ya antes de entrar se oye música flamenca y esto anima un poco al comisario. En cuanto preguntan al camarero, éste responde:

–¡Hombre sí, claro, la Bárbara! Claro que la conocemos en el bar, viene muy a menudo, dice que es el lugar más auténtico de Sevilla –dice sonriendo, pero luego se interrumpe, preocupado–. ¿Son ustedes amigos suyos?

–Somos de la policía –le aclara Touriño–. Barbara Butzbach apareció asesinada esta mañana, así que todo lo que diga nos podría servir para encontrar al culpable…

rebosar	überlaufen
repentinamente	plötzlich
asesinar	umbringen
culpable	schuldig
grueso	dick

Antonio, el camarero, un hombre de unos cincuenta años, calvo y algo grueso, se queda paralizado.

–¿A…sesinada? ¿Bárbara? Maldito sea el culpable, una chica tan amable y tan buena cliente…

–Lo sentimos mucho, pero tenemos que hacer algunas preguntas –interviene Maribel Montilla–. Dice usted que ella venía aquí a menudo, ¿no es así?

–Sí, sí –dice Antonio, aún conmocionado.

–¿Venía sola, con algún amigo o amiga?

–Al principio venía sola, pero era muy sociable, hablaba con mucha gente…

–O más bien todo el mundo le hablaba, sobre todo los hombres… –interviene un hombre que ha estado escuchando la conversación junto a la barra–. Soy Paco, aunque todos me conocen como "el Flaco", para servirles –explica, ofreciendo la mano al comisario y a la detective. En efecto, el hombre que le habla es delgadísimo, por lo que no extraña su **apodo**.

–¿A qué se refiere? –pregunta Maribel Montilla.

Ejercicio 7: Tiempos verbales. Lesen Sie weiter und unterstreichen Sie die richtigen Verbformen!

–Pues igual que si **1.** venga / viniera usted sola –dice "el Flaco"–, una mujer joven, guapísima y sola... Además ella con ese pelo rubio **2.** llamaba / llamó la atención, **3.** era / fue muy simpática, **4.** ha hablado / hablaba con todo el mundo y claro, algunos se **5.** hicieron / hacían esperanzas...

–Y, ¿**6.** correspondiera / correspondía ella a alguno de sus admiradores? –pregunta Manolo Touriño.

–Sí, claro... –sonríe Paco "el Flaco"–. Como no **7.** pueda / podía ser menos en una "**guiri**", a ella le **8.** gustó / gustaba el flamenco y claro, se **9.** ha enamorado / enamoró de Rafael... –¿Quién es Rafael? –pregunta el comisario, algo impaciente.

–El Flaco se refiere a Rafael Moralo –dice el camarero–. Un buen muchacho, muy amigo mío. Un muy buen cantaor además, pero con muy mala suerte…

–¿Por qué mala suerte? –pregunta Maribel Montilla.

–Tiene una voz magnífica, y canta con alma de verdad –dice "el Flaco"–. Pero luego no sé, es muy conflictivo, y no tiene constancia…

–No es verdad que sea conflictivo –replica Antonio.

–¿Por casualidad saben dónde está ahora? –pregunta Touriño.

–Hace unos días que no viene, estará en su casa –dice el camarero.

–¿Dónde vive? –pregunta Maribel Montilla.

–Vive en *Las Tres Mil Viviendas* con su madre, el pobre está en paro, de vez en cuando saca algo cantando en algún tablao, pero poco más… –explica "el Flaco".

Tras despedirse y agradecer a los dos hombres por la información, Maribel comenta al comisario:

–¿No le parece como si Antonio protegiera a Rafael? Parece que le molestara que Paco hablara de él…

–Vamos a tener que hacer una visita a *Las Tres Mil Viviendas* mañana… –dice Touriño.

–Sí. En fin, fue un placer la noche con usted –dice Maribel con una sonrisa–. Yo me voy por aquí.

El comisario está a punto de ofrecerse a acompañarla, pero como él debe ir en otra dirección, parecería algo forzado.

A la mañana siguiente, el comisario Touriño y la detective Montilla se dirigen al barrio *Las Tres Mil Viviendas*. A finales de los años setenta, se construyeron en esta zona de Sevilla bloques de viviendas para las personas más pobres de la ciudad. El barrio tiene mala fama, y

apodo *m*	Spitzname
⚡ guiri *m/f*	ausländische Touristin
constancia *f*	Beständigkeit
paro *m*	Arbeitslosigkeit
tablao *m*	Flamenco-Bar
tráfico *m*	Verkehr

su nombre se oye a menudo en noticias sobre tráfico de drogas y otros delitos. Pero, por otra parte, muchos de los mejores cantaores sevillanos son de este barrio. Para evitar que Rafael pueda escapar, el comisario y la detective esperan a que alguien sale del bloque y suben por la escalera, pues el ascensor no funciona.

Tras llamar al timbre, se oye una voz de mujer:

–¿Quién es?

–Somos amigos de Rafael –miente la detective Montilla.

Abre la puerta una mujer de unos sesenta años, con el pelo gris y vestida de negro.

–Ustedes no son amigos de Rafael… ¿Qué quieren?

–¿Podemos hablar con su hijo, por favor?

Entonces, detrás de la mujer, aparece un joven, alto y moreno, de **rasgos** atractivos y mirada penetrante.

–Deja, madre. Ya hablo yo con ellos. ¿Qué desean ustedes?

–¿Era usted pareja de Barbara Butzbach? –pregunta el comisario.

–¿Madre, puede dejarnos solos? –pregunta Rafael y, una vez que su madre se ha ido, contesta–. Sí, salimos juntos por un tiempo.

–¿Cuándo fue la última vez que estuvo con ella?

–¿Qué ocurre? ¿Le ha pasado algo? –pregunta el cantaor con nerviosismo.

–Señor Moralo, Barbara ha aparecido muerta en la Giralda.

–¡Noooo! –el joven grita **desesperado** y, sin decir nada más, sale de la casa, dando un **portazo**.

Los detectives se miran, el comisario va a salir detrás de él, pero la madre de Rafael le agarra del brazo.

rasgos *m pl*	Gesichtszüge
desesperado	verzweifelt
portazo *m*	Zuschlagen
mal trago *m*	bittere Pille
derrota *f*	Niederlage
coartada *f*	Alibi

–Déjele, no le sigan. Necesita estar solo –les explica–. Yo les diré lo que quieran. Rafael me contaba todo…

–¿Qué sabe usted de la relación entre los dos? –pregunta Touriño.

–Ya no estaban juntos. Habían discutido. Mi hijo es un poco celoso y Barbara… era muy independiente.

–¿Dónde estaba su hijo la noche del domingo? –pregunta la detective Montilla.

–Estuvo en casa. Me ayudó a hacer la cena y vio el partido del Betis –contesta la madre de Rafael.

–Ah, sí, qué **mal trago** –comenta el comisario con una sonrisa de simpatía, recordando la **derrota** de su equipo.

En cambio, la detective hace un gesto de disgusto y comenta con seriedad:

–Como comprenderá, no es una **coartada** muy fiable. En principio, su hijo es sospechoso del asesinato de Barbara…

–¡Pero es inocente! –grita la mujer.

–Le recomiendo que le convenza para que vuelva a casa y no intente escaparse, pues volveremos para hablar con él –insiste la detective.

–Lo haré, pero él no la mató. Estaba muy dolido, porque creo que se había enamorado, y quería volver con ella…

Ejercicio 8: Comprensión. Welche Aussagen sind korrekt? Kreuzen Sie an!

1. Maribel Montilla y Manolo Touriño salen juntos. ❐

2. El camarero Antonio es amigo de Rafael Moralo. ❐

3. Rafael Moralo es un cantaor famoso. ❐

4. El comisario Touriño es aficionado a las corridas de toros. ❐

5. El equipo de Touriño es el Sevilla Club de Fútbol. ❐

6. Las Tres Mil Viviendas es uno de los mejores barrios de Sevilla. ❐

–De todos modos, no podía durar mucho su historia, ¿no? Al fin y al cabo Barbara estaba sólo de vacaciones en Sevilla –comenta la detective Montilla.

–Ella no estaba de vacaciones –afirma inesperadamente la madre de Rafael–. Mi hijo me dijo que estaba investigando algo, pero nunca me quiso decir sobre qué.

Negocios oscuros

Mientras regresan de *Las Tres Mil Viviendas*, la detective Montilla y el comisario Touriño discuten sobre los siguientes pasos a seguir. El comisario cree probable que Rafael matara a Barbara en un **ataque de celos** pero, por otra parte, la reacción del cantaor al conocer su muerte no parece la de un asesino. Por otra parte, el comentario de la madre de Rafael puede abrir nuevas pistas. Ambos deciden volver al hotel y registrar de nuevo la habitación donde se alojaba Barbara.

ataque *m* de celos	Eifersuchts-anfall

Ejercicio 9. Condicional o presente de subjuntivo.
Setzen Sie die richtigen Verbformen ein!

1. Ella no cree que él ser _____ el asesino.

2. No quiero que tú – registrar _____ mi habitación.

3. No tú – abrir _____ la puerta a desconocidos.

4. Creo que ella poder _____ ayudarnos.

5. Nadie decir _____ eso en su presencia.

6. yo - volver _____ a Sevilla si pudiera.

7. No creo que ellos volver _____ a Sevilla.

Cuando llegan a la recepción del Hotel Primavera, la recepcionista llama a la gerente Pallas, que les recibe con una sonrisa helada, pero acepta llevarles a la habitación que ocupaba Barbara Butzbach.

Además de mucha ropa, mapas y algunos libros, se encuentran varios periódicos, sobre todo regionales y económicos. Pero algo llama la atención de los dos detectives: el ordenador. Inmediatamente deciden llevarlo a la comisaría. Clara Pallas está de acuerdo, pues está deseando que ambos se marchen.

Ya en la comisaría del barrio de Los Remedios, rápidamente pasan el ordenador portátil a Nacho.

Ejercicio 10: Preposiciones. Welcher Satz ist korrekt? Kreuzen Sie an!

1. ☐ a) Rafael estaba muy enamorado de ella.

   ☐ b) Rafael estaba muy enamorado en ella.

2. ☐ a) Estuvimos hablando todo un poco.

   ☐ b) Estuvimos hablando de todo un poco.

3. ☐ a) Estaba deseando hablar contigo.

   ☐ b) Estaba deseando de hablar contigo.

4. ☐ a) Intentamos a llamarte por teléfono.

   ☐ b) Intentamos llamarte por teléfono.

5. ☐ a) Me llamó mucho a la atención su forma de vestir.

   ☐ b) Me llamó mucho la atención su forma de vestir.

El es especialista informático de la Policía, que con un programa específico logra encontrar la clave y acceder a los archivos…

–Ya está –le llama a Touriño.

–¿Y qué tenemos? –pregunta el comisario, ansioso.

–Uuuhhh. ¿Alguien sabe alemán por aquí?

–Bueno, era de esperar –comenta Maribel, decepcionada–. Pero, ¿qué hacemos? ¿Nos ponemos con un traductor de internet?

–Ahora que me acuerdo… –dice el comisario–. Nacho, ¿no había una alemana en prácticas en la comisaría del Distrito Sur?

–Me suena que sí…

–Pues habrá que llamar a esa alemana para que nos ayude –comenta Maribel.

Media hora después, se presenta en la Jefatura de Policía la agente Verena Dietz, que está en Sevilla por unos meses gracias a un programa de intercambio entre policías europeos. Bastante alta, pero con pelo rubio y bronceada por el sol andaluz, se parece un poco a la agente Montilla, a la que

archivo *m*	Archiv
ansioso	begierig

saluda con dos besos en la mejilla, al igual que al comisario Touriño.

La agente Dietz queda muy impresionada al saber la noticia del asesinato de su compatriota y se declara dispuesta a colaborar con Touriño.

–Bueno, de momento lo que necesitamos es que nos ayude a descifrar los archivos de la víctima… –comenta Touriño.

–De acuerdo, veremos qué puedo hacer –dice Verena, sentándose junto al ordenador.

–Tómese su tiempo, agente Dietz –dice el comisario Touriño–. ¿Quiere un café o alguna otra cosa?

–Si tiene un té…

–Nacho, trae un té a la agente Dietz –ordena el comisario, pero ante la mirada asesina que le dirige su subordinado, cambia de opinión–. Bueno… Se lo traeré yo mismo.

Al cabo de un rato, Verena ya ha llegado a algunas conclusiones.

–Parece que la víctima **se** había **metido** en un terreno difícil…

–¿Cuál? ¿Drogas o algo así? –pregunta Touriño, recordando la mala fama del barrio *Las Tres Mil Viviendas*.

–Más bien corrupción inmobiliaria –dice la agente Dietz–. Aquí hay una lista de personas, venga a ver…

–Vaya, son bastante conocidos algunos –comenta el comisario–. El nuevo **concejal** de urbanismo y medio ambiente, por ejemplo… El dueño de promociones Pecellín… Y vaya, incluso Pepe Ávila…

–¿Quién es? –pregunta con curiosidad Verena.

–Se nota que no eres de aquí –contesta con una sonrisa Touriño–. Pepe Ávila Lancharro es el propietario de la mayor empresa de construcción de la ciudad, ha empezado ahora a construir un residencial entre Sevilla y Carmona que presentan como lo más lujoso que habrá en Andalucía.

–Sí, dicen que incluso miembros de la **realeza** saudí piensan comprar una mansión allí… –comenta Maribel Montilla.

meterse	betreten
concejal *m*	Stadtrat
realeza *f*	Königswürde
chaleco *m* **antibalas**	kugelsichere Weste

–Es decir, que estaba investigando sobre posibles casos de corrupción… Qué extraño que su periódico no dijera nada…

–Aquí hay otra cosa interesante –comenta Verena Dietz–. Una agenda con una lista de entrevistas… Quizás adivinen con quién tenía una entrevista el pasado domingo…

–Con Pepe Ávila Lancharro –dice Maribel Montilla, observando la pantalla por encima del hombro de Verena.

–Se me ocurre un plan –dice el comisario Touriño, de repente lleno de decisión.

A Verena y a Maribel Montilla les parece muy bien el plan de Touriño. La agente Montilla se hará pasar por una periodista y le planteará preguntas comprometidas. Por si ocurre algo, Touriño esperará cerca del lugar de la reunión en un coche con los cristales oscuros. De este modo, quizás descubran si Pepe Ávila se encontró con Barbara y si tuvo algo que ver con su muerte. Maribel llama al secretario de Pepe Ávila, y éste le da una cita. Se encontrará con Ávila Lancharro en un selecto restaurante en la Isla de la Cartuja. Touriño decide que Maribel irá con una grabadora y un micrófono, y llevará un **chaleco antibalas**, pues quieren estar seguros de que no le ocurrirá nada.

Cuando la detective Montilla llega al restaurante Balacho, un guardia le conduce a un salón reservado. Sentado en una mesa le espera Pepe Ávila Lancharro, un hombre de unos cincuenta años, con el

Ejercicio 11: Traducción. Übersetzen Sie und enträtseln Sie das Lösungswort!

1. Zeitung ___ ___ ___ ___ ___ ___ [ ] ___
2. Spitzname [ ] ___ ___ ___ ___
3. Augenblick ___ ___ ___ [ ] ___ ___
4. Schrei ___ ___ ___ [ ] ___
5. Stadtrat ___ ___ ___ ___ ___ [ ] ___
6. Stimme ___ [ ] ___
7. Turm ___ ___ [ ] ___ ___

Lösung: [ ] [ ] [ ] [ ] [ ] [ ]

pelo cuidadosamente peinado y un elegante traje. Al llegar Maribel, se levanta y le besa la mano.

–No la imaginaba tan joven… y tan guapa –dice sonriendo–. Así que escribe usted para la sección de economía del diario *ABC*…

–Sí. Últimamente hay mucho interés por el tema de la construcción, tras los casos de corrupción descubiertos en otras ciudades…

El gesto de Pepe Ávila se vuelve menos amable y habla en un tono más serio.

–No esperaba que viniendo de un periódico amigo me **planteara** asuntos tan desagradables. Todos saben que mostramos la máxima transparencia. En nuestra página de internet puede ver todos los detalles de los contratos que hemos acordado.

–Sí, ya he visitado su página –contesta Maribel y añade con tono irónico–. Es impresionante la cantidad de contratos que ha firmado usted desde el cambio de **alcalde**, hace pocos meses…

plantear	darstellen
alcalde *m*	Bürgermeister
carriles-bici *m pl*	Fahrradwege
otorgar	erteilen
desafiante	herausfordernd

–El nuevo alcalde ha apostado por impulsar la economía y las empresas de la ciudad, en lugar de tirar el dinero en actos supuestamente culturales, en **carriles-bici** que nadie usa…

–¿Por eso le **otorgó** su apoyo, verdad?

–Se lo otorgué con mi voto, no me importa decirlo…

–Y con la campaña contra el anterior alcalde desde la cadena de radio que usted controla, ¿no es cierto?

–Señorita, no permitiré que haga acusaciones sin pruebas. Tenga cuidado con sus palabras si no quiere tener que tratar con mis abogados…

–Más bien debería ser usted…

–Ya tengo bastante –interrumpe Pepe Ávila–. Pensaba invitarle a una cena deliciosa pero no la merece…

–¿Y Barbara Butzbach, la merecía? –pregunta Maribel de repente.
El empresario palidece al oír ese nombre, pero responde rápidamente.

–No sé de quién habla. Es un nombre alemán, ¿no?

–Sí, una periodista que tenía una cita con usted el domingo pasado, casualmente el mismo día que fue asesinada.

–Esto ya no me gusta nada… No permitiré que me insulte. Márchese o tendré que llamar a mi servicio de seguridad.

–No se preocupe, ya me voy –dice la detective Montilla, desafiante.

Ejercicio 12: La pasiva. Setzen Sie die Sätze ins Passiv bzw. Aktiv um!

1. El contrato fue firmado por Pepe Ávila y el alcalde.

_____

2. La agente Verena tradujo los archivos en alemán.

_____

3. El comisario diseñó el plan y la Montilla lo llevó a cabo.

_____

4. Ávila Lancharro controlaba la cadena de radio
y el periódico.

_____

5. La detective fue recibida por un guardia de seguridad.

_____

Maribel Montilla sale del restaurante Balacho con paso decidido, sin despedirse del guardia que la mira con extrañeza, y sin darse cuenta de la llamada de móvil que éste recibe. Mientras camina, busca las llaves de su coche en el bolso, pero de repente oye el rugido

rugido *m*	Gebrüll
alejarse	sich entfernen
desmayarse	in Ohnmacht fallen

de un potente motor. Cuando se gira, apenas tiene tiempo para intentar evitar el impacto de un Audi muy grande, que se aleja a toda velocidad. Tumbada en el suelo y dolorida, Maribel, antes de desmayarse, ve acercarse corriendo al comisario Touriño, que ha visto el ataque del coche.

4 Nadie es quien dice ser

Afortunadamente, el ataque sufrido por Maribel Montilla queda en un susto, y en un brazo escayolado. A pesar de ello, a la mañana siguiente aparece en comisaría, para sorpresa de todos sus compañeros.

—¡Vaya [i], qué sorpresa! —exclama el agente Berto Bustos con una gran sonrisa al verla.

Sin embargo, Maribel se dirige directamente al comisario Touriño.

—Quería darle las gracias… Si no hubiera estado usted allí, seguramente aquel coche hubiera vuelto a terminar su trabajo…

escayolado	eingegipst
modestia f	Bescheidenheit

—No se preocupe, agente —contesta el comisario, que se ha puesto colorado y algo confuso—. Por cierto, ¿no cree que es hora de que nos tuteemos?

De repente, el agente Bustos interrumpe la conversación, cada vez más íntima, entre Maribel y Manolo Touriño.

—No van a creer a quién pertenece ese Audi…

—¿Cómo lo han identificado? —pregunta sorprendida Maribel.

Vaya ist im Spanischen ein Ausruf des Erstaunens und kann mit „Ach was!" oder auch mit „Oh je!" übersetzt werden.

—Apunté la matrícula… —responde con modestia Touriño—. Bueno, ¿a quién pertenece?

—Está a nombre de Rafael Moralo, residente en la calle Luis Ortiz, en *Las Tres Mil Viviendas*…

–Vaya, para estar en paro tiene un coche que no está nada mal –comenta Touriño–. Tendrá que explicárnoslo.

–Ya he mandado una **patrulla** para que lo detenga –dice Bustos.

El comisario le mira algo sorprendido, pues habría preferido dirigirse a él en persona, pero no dice nada. En esos momentos suena el móvil del agente Bustos.

–¿Sí? ¿Lo han encontrado? Ah, bueno, de acuerdo.

–¿Qué ocurre?

–No estaba en su casa –responde Bustos, decepcionado.

–Comisario, creo que tengo un plan para atrapar a quien esté intentando intimidar a las periodistas… –dice Maribel.

–Cuéntanos, te escucho –responde Touriño.

A pesar de que al principio a Touriño le parece **arriesgado** el plan que propone Maribel, finalmente acepta, admirando su valentía.

Ejercicio 13: El imperativo. Bilden Sie die Imperativformen!

1. [tú - decir] _____ todo lo que sepas.

2. No [vosotros - ir] _____ a ese sitio sin decírnoslo.

3. [tú - hacer] _____ lo que te dije y no protestes más.

4. [tú - ser] _____ lo que quieras ser.

5. No [vosotros - estar] _____ parados, sin hacer nada.

6. [usted - responder] _____ a lo que le pregunto.

Esa noche, Maribel recorrerá los bares, siguiendo el recorrido que hacía Barbara, pero esta vez irá ella sola, vigilada de lejos por Manolo. Cuando éste la ve, vestida con un **ceñido** vestido blanco con estampado de flores que **resalta** sus formas, no puede evitar una **punzada** de deseo y comienza a canturrear: *"Al verte las flores lloran, cuando entras en tu jardín, porque las flores quisieran toítas parecerse a ti…"*

Al llegar al bar "Santo Remedio", el camarero, Antonio, reconoce enseguida a Maribel Montilla y parece inquietarse.

–¿Qué ocurre, agente? ¿Han encontrado ya al asesino?

–No hablemos de eso –responde Maribel–. Han encargado el caso a otra brigada. Hoy estoy aquí sólo para tomar una copa, que he tenido un día muy duro…

Al escuchar a la detective Montilla, Antonio se tranquiliza y recupera la sonrisa:

–Muy bien, eso es que le gustó mi bar, ¿no?

–Sí, tiene… no sé, una atmósfera distinta, ¿verdad?

–Sí, eso dicen muchos –sonríe Antonio, halagado–. ¿Y qué te pongo?

–Un martini, por favor –dice Maribel, algo molesta con el tuteo. Cuando recibe su copa, se retira a una mesa. Pocos minutos des-

patrulla f	Streife, Patrouille
arriesgado	riskant
ceñido	hauteng
resaltar	hervorheben
punzada f	Stich

pués, un hombre alto y rubio, vestido con un elegante traje beige, se acerca a la detective.

–Señorita, me gustaría decirle algo… –le susurra.

–¿Quién es usted? –pregunta Maribel, algo sobresaltada.

–Mi nombre es Jean Stéphane Roix, soy periodista, y tengo una información que podría interesarle…

–Soy toda oídos –dice Maribel.

–No podemos hablar aquí, creo que nos están escuchando…

Maribel está intrigada y finalmente acepta.

Ejercicio 14: Tildes. Lesen Sie weiter und setzen Sie die fehlenden Akzente!

−De acuerdo, voy a pagar y nos vamos de aqui…

Antonio, al ver que se va con el misterioso recien llegado, no puede evitar un gesto de disgusto.

−Vaya, que suerte tienen algunos… −comenta.

−¿Y donde quiere que vayamos? −pregunta Maribel Montilla.

−Podriamos ir al Parque de Maria Luisa, es un sitio tranquilo…

El Parque de Maria Luisa es el parque mas grande de Sevilla. Otro de sus parques, la Alameda de Hercules, se creo en 1574, siendo el parque publico mas antiguo de Europa. Contiene un jardin botanico con arboles de todas las zonas del planeta, y es una de las zonas de descanso preferidas por los sevillanos.

Maribel comienza a desconfiar del periodista y propone dar un paseo cerca del río. Jean Stéphane acepta y le explica:
−Quería avisarle que está usted en peligro. No debería haberse metido en los negocios de Pepe Ávila. Ya ve lo que le ocurrió a Barbara Butzbach…
−¿La conocía usted? −pregunta Maribel sorprendida.
−Sí, yo la conocía −responde Jean Stéphane con gesto triste−. Intenté advertirla, que se alejara de ese hombre…

–¿De quién, de Pepe Ávila?

–De él y de Rafael Moralo…

–¿Qué tiene que ver Rafael con su asesinato?

–¡Él la mató! Él trabaja para Pepe Ávila, él le ordenó que lo hiciera.

Maribel Montilla reflexiona, y piensa que quizás esto explique todo, por ejemplo cómo Rafael puede tener un coche de lujo, pero hay algo que no entiende.

–¿Por qué me dice todo esto? –le pregunta.

Ejercicio 15: Pronombres. Ersetzen Sie die unterstrichenen Wörter durch die entsprechenden Pronomen!

1. Stéphane informó <u>a Maribel</u>.

_____

2. Maribel Montilla y Manolo Touriño buscarán <u>a Rafael</u>.

_____

3. Maribel pidió <u>un martini</u>.

_____

4. Stéphane quería pedir un martini <u>para Maribel</u>.

_____

5. Stéphane afirma que Rafael Moralo mató <u>a Barbara

Butzbach</u>.

_____

–Yo también estoy en peligro –contesta Jean Stéphane–. No debía haber aceptado ese encargo de mi periódico…

–He de decir que habla usted un español perfecto, para ser francés –comenta Maribel.

Jean Stéphane parece algo confuso al escucharla y titubea:

–Sí… Es que… Se me dan bien las lenguas… –dice, y luego pregunta, con repentina decisión–. Deberían detener a Rafael Moralo, seguro que acaba confesando…

–Pero no sabemos dónde está –dice Maribel.

–Yo lo sé –afirma Jean Stéphane en tono triunfal–. Esta noche canta en el tablao "El bodegón de Triana".

–Muchas gracias, señor Roix, ha sido de gran ayuda, ahora tengo que irme… –dice Maribel, algo confusa.

–De acuerdo, tenga suerte y, sobre todo, ¡mucho cuidado! –dice el elegante francés, a la vez que se marcha.

Unas horas después, Manuel Touriño y Maribel Montilla entran el tablao flamenco "El Bodegón de Triana". Al llegar se sorprenden de ver cómo el local está lleno de gente callada, escuchando a un hombre cantar. Es Rafael Moralo, cantando con una voz desgarrada. El comisario Touriño se estremece al reconocer una de las canciones más tristes de Camarón de la Isla, y al oír su final: *"Fuiste tan buena pa mí, que te llevo en la memoria, tú me enseñaste a vivir…"*

–¿Te ocurre algo? –le pregunta Maribel.

El comisario tarda algo en responder:

–Creo que nos equivocamos, él no pudo ser… –susurra el comisario–. No puede ser, pero en fin, es nuestro deber…

Cuando Rafael Moralo termina la canción todo el público empieza a aplaudir y elogiarlo.

–¡Bravo, maestro! ¡Eso es cantar con alma!

Pero Rafael, sin decir nada, se retira. Parece muy emocionado.

–Hermosa canción, Rafael –dice el comisario.

El joven parece no extrañarse, como si estuviera en otro mundo.

–No se preocupen, ya sé a lo que vienen.

Una vez en la comisaría, Rafael Moralo sigue como ausente, mientras responde a las preguntas del comisario.

–¿Conoces a Pepe Ávila?

–Sí. He trabajado para él –responde Rafael Moralo.

–¿Ah, sí? –pregunta Touriño, sorprendido por la rapidez con que Rafael lo ha confesado–. ¿Qué tipos de trabajo?

–Muchos y no todos buenos. Me ordenó vigilar a Barbara…

–Y tú lo hiciste, por supuesto…. –interviene Maribel.

–Sí… Quería evitar que ella conociera algunos negocios suyos. Pero yo me enamoré de ella… Ávila se enteró de que yo no estaba cumpliendo mi trabajo –habla, a punto de llorar.

–Claro, y entonces te ordenó asesinarla, ¿verdad? –pregunta Touriño.

–¡¡No!! –grita Moralo–. ¡Antes me mataría a mí mismo!

–Sin embargo, según nos han dicho, discutíais a menudo, tú le gritabas… –dice Maribel.

–El amor no es sencillo, cuando hay **celos** de por medio… –dice Rafael–. Me puse furioso porque ella me empezó a hablar mucho de un periodista francés…

–Jean Stéphane Roix –dice Maribel Montilla.

–Si él se llama así, yo soy Marlon Brando –dice Rafael.

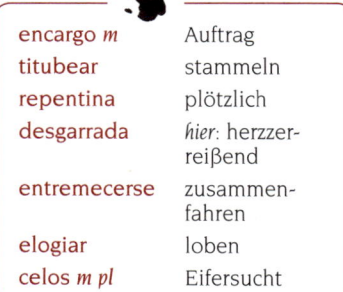

encargo *m*	Auftrag
titubear	stammeln
repentina	plötzlich
desgarrada	*hier*: herzzerreißend
entremecerse	zusammenfahren
elogiar	loben
celos *m pl*	Eifersucht

–¿Qué quieres decir? –pregunta Touriño.

–Que aunque sea muy rubio, no es francés, es de aquí, y se llama Juan Esteban Durán.

–¿Cómo lo sabes?

–Me enteré después. Como también me enteré de que él trabajaba también para Pepe Ávila. Yo quise advertírselo a Barbara, pero ella ya no quería verme… —dice Rafael Moralo, y se echa a llorar, sin **consuelo**.

—Comprobaremos ese dato pero, de momento, tendrás que seguir en comisaría, como principal sospechoso del asesinato de Barbara —le informa el comisario Touriño.

Mientras dejan a Rafael Moralo en una **celda**, los detectives Montilla y Touriño ponen al corriente al agente Bustos, que comprueba en su base de datos el nombre de Juan Esteban Durán. Maribel reconoce enseguida la fotografía del supuesto Jean Stéphane.

—Es él, sin duda. ¿Qué información tenemos sobre él?

Ejercicio 16: Comprensión. Bringen Sie die Buchstaben in die richtige Reihenfolge!

1. él   que   creo   no   culpable   fuera

2. bar   gente   el   lleno   de   estaba

3. fue   comisaría   a   Rafael   llevado   detenido   y

4. real   Jean   no   su   Stéphane   es   nombre

–Mmm… Nacido en Sevilla, pero residente en Francia desde los cinco años. Regresó como licenciado en economía y trabajó como asesor financiero. Vaya, esto es más interesante –dice Bustos con tono triunfal–. Condenado a cinco años de cárcel por **fraude fiscal** en 2002.

–No sería mala compañía para Pepe Ávila.

–Creo que "Jean Stéphane" tiene que explicarnos algunas cosas –dice Touriño.

Media hora después, la detective Maribel Montilla llama al timbre de la casa de Juan Esteban, una bonita mansión en la calle Guzmán el Bueno, en pleno barrio de Santa Cruz, cerca de la catedral y la Giralda.

–Jean Stéphane, soy yo, necesito hablar contigo, creo que me están persiguiendo…

Cuando Juan Esteban abre la puerta, el comisario Touriño aparece junto a Maribel Montilla.

consuelo *m*	Trost
celda *f*	Zelle
fraude *m* **fiscal**	Steuerhinterziehung
imbécil *m/f*	Idiot

–Señor Durán, creo que nos tendrá que explicar algunas cosas, empezando por cómo se llama…

–Vaya, no sabía que trajera compañía. ¿Qué desea?

–Tendrá que explicarnos su relación con Barbara Butzbach.

–Mi vida personal no les importa. Y disculpen, que estaba viendo una película interesante.

Manolo Touriño, antes de que Juan Esteban cierre la puerta, mete el pie y lo evita, y apuntándole con la pistola, le dice:

–No era un ruego, sino una orden.

–¡Déjenme en paz, **imbéciles**! –les grita Juan Esteban, que escupe en el ojo al comandante Touriño, al tiempo que cierra la puerta.

–¿Qué hacemos ahora? –pregunta Maribel.

–Irnos a casa. Ya tenemos lo que necesitamos.

Esa misma noche, Juan Esteban sale **sigilosamente** de su casa con una maleta, pero cuando va a entrar en su coche, se encuentra rodeado por la policía de Sevilla. Las pruebas del **ADN** de su **saliva** coinciden con el encontrado en el cadáver de Barbara Butzbach. Ante la evidencia, Juan Esteban declara que asesinó a la periodista por encargo de Pepe Ávila, quien quería evitar que Barbara **desvelase** cómo Ávila apoyó la campaña del nuevo alcalde a cambio de una millonaria concesión para un residencial junto al Guadalquivir. Pocas horas después, Rafael Moralo sale de la comisaría, libre de cargos. Su única idea es asistir al funeral de Barbara y componer una canción en su homenaje.

Por su parte, para celebrar que han resuelto el caso, Manolo Touriño y Maribel Montilla quedan para cenar pescaíto frito en un restaurante de Triana. Mientras el comisario Touriño se prepara, canturrea una canción de Camarón: *"Te quiero yo a ti te quiero, de tu cariño soy prisionero"* …

sigilosamente	leise
ADN *m*	DNA
saliva *f*	Spucke, Speichel
desvelar	enthüllen

Asesinato en Cádiz

María García Fernández

La víctima

Silencio.

Más de cien personas están delante del ayuntamiento. Todos están en silencio. Un minuto de silencio la última mujer asesinada.

(…)

Mientras la gente está delante del ayuntamiento, la policía ya está **investigando** el caso en la comisaría central.

La comisaría está en el centro de Cádiz, pero no se ve **a simple vista** cuando se pasa por la calle. El cartel donde podemos leer "Policía Nacional" es muy pequeño, porque en el centro de Cádiz todos los letreros y carteles tienen que ser muy discretos para respetar los monumentos de la ciudad. El edificio de la comisaría parece muy **antiguo**, como un palacio o una **casa señorial**. Da esa sensación

mientras	während
investigar	ermitteln
a simple vista	auf den ersten Blick
antiguo	alt
casa *f* señorial	Herrenhaus
fachada *f*	Fassade
encanto *m*	Charme
admiración *f*	Bewunderung
violencia *f* de género	Gewalt gegen Frauen

melancólica que sorprende al turista cuando pasea por las calles de La Habana.

Al lado de la comisaría hay una casa, pero sólo conserva la **fachada**. El resto del edificio se está construyendo ahora. Así las casas se renuevan en el interior, pero el exterior sigue produciendo la misma sensación de **encanto** y **admiración** por una ciudad con más de 3000 años de Historia.

La comisaría de Cádiz es la única con vistas al mar, pero nadie tiene tiempo para mirar por la ventana. Siempre hay mucho trabajo.

En esta comisaría trabaja el inspector Pepe Fernández Chacón, especialista en casos de **violencia de género**. Pero Fernández no es el típico policía serio y **calvo** que lleva **bigote** y da órdenes sin parar.

calvo	kahl
bigote *m*	Schnurrbart
rizado	lockig
redondo	rund
todo el mundo	jeder
defecto *m*	Macke
desastre *m*	Chaos
mágico	zauberhaft
ayudante *m/f*	Assistent, Helfer

Fernández tiene el pelo corto y muy **rizado**. Tiene mucho pelo, a pesar de tener ya más de 60 años. Tiene los ojos marrones y la nariz grande y **redonda**. Es muy moreno y alto, más alto que los otros policías. Es delgado. Tiene un aspecto como de policía de película, es muy elegante. Además no es nada serio, es muy divertido. Habla con toda la gente en la comisaría y en la calle. Conoce por su nombre a los camareros, a las cajeras del supermercado y a los que pasean el perro por las mañanas. Como él dice, "para ser un buen policía hay que conocer a **todo el mundo**". Su único **defecto** es que es un poco desorganizado, un poco **desastre**. Normalmente pensamos que este es un defecto que no puede tener un buen policía, pero Fernández tiene un gran talento, y por eso su desorden no es tan grave. En su mesa hay montañas y montañas de papeles, pero Fernández siempre encuentra el que necesita. Sus compañeros se sorprenden. Es como algo **mágico**. El inspector Fernández trabaja con **ayudantes** que normalmente son policías en prácticas. No todos los inspectores quieren tener ayudantes en prácticas que aún no conocen el funcionamiento de la comisaría, pero a Fernández le encanta enseñar a futuros policías. El inspector los ayuda a ser buenos policías y los chicos en prácticas lo ayudan un poco con el caos.

Son las siete de la mañana. El inspector Fernández **entra corriendo** en la comisaría. Hace media hora lo llamó el comisario para informarlo sobre el nuevo **crimen** que tiene que investigar. Su nuevo ayudante, Schmitt, está en el primer piso. Desde la ventana ve cómo el inspector entra en el edificio cruzando el patio central que hay en la comisaría, como en muchas casas antiguas de Cádiz.

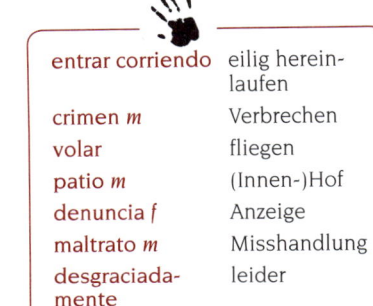

entrar corriendo	eilig hereinlaufen
crimen *m*	Verbrechen
volar	fliegen
patio *m*	(Innen-)Hof
denuncia *f*	Anzeige
maltrato *m*	Misshandlung
desgraciadamente	leider

"¡Dios mío, qué desastre!" –piensa Schmitt.

El inspector Fernández ha entrado corriendo y no ha visto que ha perdido un papel que ahora está **volando** por el **patio**. El viento lo lleva al primer piso. ¡Zas! Schmitt consigue cogerlo y lo pone encima de la mesa del inspector. Es su primer día de prácticas, pero un compañero ya le ha dicho que el inspector es un poco caótico.

Ejercicio 1: Imperativo. Bilden Sie die Imperativformen der 2. Person Singular der folgenden Verben! Achtung: Eine Form ist unregelmäßig!

1. identificar al asesino: i_____ al sesino!

2. llamar a la policía: i_____ a la policía!

3. leer los documentos: i_____ los documentos!

4. poner la sirena: i_____ la sirena!

5. escribir el informe: i_____ el informe!

–Buenos días, señor inspector, ¿cómo empezamos con la investigación?

–¡Buenos días, Schmitt! ¿Qué tal? Tenemos mucho trabajo. Hay un caso de violencia de género.

–Pero señor, ¿violencia de género? He mirado y no hay **denuncias** por **maltrato**.

–Schmitt, ¿cuánto tiempo llevas en España?

tirantes *m pl*	Hosenträger
cinturón *m*	Gürtel
noticias *f pl*	Nachrichten
asesino *m*	Mörder
tener miedo	Angst haben
interrogar	befragen, verhören
culpable	schuldig

–Tres meses, ¿por qué?

–Mira, **desgraciadamente** aquí tenemos casos como este todas las semanas. –Mientras hablan, el inspector se quita el sombrero y el abrigo. Ahora sólo lleva una camisa y los **tirantes**. Fernández es el único policía que lleva tirantes y no un **cinturón**.

–¿Todas las semanas?

–Pues sí. Bueno, no en esta ciudad en concreto, en todo el país. ¿No ves las **noticias**? Hay muchos crímenes como este y desgraciadamente no es un misterio quién es el **asesino**. Al final siempre es el marido, el novio o la expareja de la víctima. Matan a su pareja después de años de maltrato.

–Pero, ¿por qué no hay denuncias entonces?

–Pues porque la víctima **tiene miedo**, está claro. O porque el marido le promete que va a cambiar. O simplemente porque llevan tantos años en esa situación que ya incluso creen que es normal.

–Sí, la verdad es que en todos los países hay casos como estos. En el norte de Europa también, pero los medios no hablan del tema tan frecuentemente. Aún así, es increíble que pasen cosas como esta – dice Schmitt.

–Pero venga, Schmitt, que estamos perdiendo el tiempo. En estos casos el protocolo es **interrogar** primero al marido. Después, si no es **culpable**, estudiamos otras posibilidades.

–Pero jefe, el comisario ha dicho que el marido no está en la ciudad.

–Sí, es verdad. ¿Dónde tengo la cabeza? Pues tenemos que encontrarlo **inmediatamente**. Venga, llama al aeropuerto y a todas las estaciones para dar los datos del **sospechoso**.

–Ahora mismo, señor.

–Yo llamo a la **guardia civil de tráfico** por si intenta **escapar** en coche. Tenemos que hacer controles en **carretera** a todos los conductores con el mismo aspecto que el sospe-

inmediatamente	sofort
sospechoso *m*	Verdächtiger
guardia *f* **civil de tráfico**	Verkehrspolizei
escapar	fliehen, entkommen
carretera *f*	Landstraße
retrato *m* **robot**	Phantombild
pendiente *m*	Ohrring
⚡ **gordito**	dick

choso. ¡No podemos dejarle ninguna posibilidad de escapar! Schmitt, tenemos que enviar su **retrato robot**. ¡Espera! –el inspector busca en su carpeta y después en la montaña de papeles que hay en su mesa–. ¡Aquí está! –dice cogiendo el papel que Schmitt ha puesto encima de la mesa hace un momento. Tienes que enviarlo por fax.

Ejercicio 2: Gramática. Lesen Sie weiter. Welches Verb ist korrekt? Unterstreichen Sie!

Schmitt mira la foto: **1.** es / está un hombre de unos 35 años, lleva el pelo largo y barba. **2.** es / lleva / tiene el pelo castaño y los ojos azules y muy grandes. **3.** es / lleva / tiene también la boca muy grande y **4.** lleva / tiene un **pendiente** en la oreja derecha. **5.** es / está bajo y **gordito**. **6.** lleva / tiene gafas.

–¿Eso es todo, señor inspector?

–Sí, Schmitt. ¡Venga, a trabajar!

Un rato más tarde…

–Bueno, ya está. ¡Schmitt, vamos a la **escena del crimen**! Mira, en estos casos, el siguiente paso es analizar los datos de la autopsia, pero aún no están listos. Calculo que nos llaman en un par de horas. Mientras, vamos a la casa de la víctima. ¡Venga, nos vamos!

El inspector y su ayudante cogen sus cosas rápidamente y bajan a la calle. Suben al coche.

–Schmitt, pon la sirena, así llegamos más rápido.

–Ahora mismo, señor.

Por el centro de la ciudad se escucha el ruido de la sirena. En cinco minutos los dos policías ya están en la escena del crimen.

En la casa hay dos agentes trabajando en el análisis de las **pruebas**. Van primero al centro del salón. En el suelo hay una **mancha** de **sangre** enorme.

–Aquí encontraron el **cuerpo**, señor inspector.

–Ya veo, ya. ¿Y el **arma**?

–No hay arma, señor. La **víctima** murió de un fuerte **golpe** en la cabeza.

El inspector Fernández mira la mancha del suelo. Mira en dirección a la **pared** y justo en la esquina de la **chimenea** ve un impacto. El inspector imagina cómo ocurrió todo: la pareja discute. En un momento, el asesino **agarra** a la víctima y la **empuja** contra la chimenea. La mujer se da un golpe en la cabeza con la esquina de la chimenea y muere en el acto. Así

escena f del crimen	Tatort
prueba f	Beweisstück
mancha f	Fleck
sangre f	Blut
cuerpo m	*hier*: Leiche
arma f	Waffe
víctima f	Opfer
golpe m	Schlag
pared f	Wand
chimenea f	Kamin
agarrar	packen, (er)greifen
empujar	stoßen

de simple. Así de horrible. Parece que efectivamente es un caso de violencia de género. El inspector ha visto muchos casos similares.

–Schmitt, un golpe de estas características es mortal en la mayoría de los casos. De todas formas, la autopsia tiene que confirmarlo.

El inspector continúa mirando la escena del crimen. A la derecha de la chimenea hay una mesa. Encima de la mesa hay papeles, muchos papeles. Fernández mira un par de ellos. Parecen documentos de una empresa.

detalle *m*	Detail, Kleinigkeit
roto	gebrochen, kaputt
forzar	*hier*: einbrechen

–Schmitt, envía estos papeles a la oficina. Necesitamos toda la información. Nunca se sabe. Todos los **detalles** pueden ser importantes. El inspector Fernández va ahora hasta la puerta. Hay algo extraño: la puerta está **rota**.

–Señor inspector, **forzaron** la puerta –dice el técnico.

Ejercicio 3: Preposiciones. Ordnen Sie den Präpositionen die passende Bedeutung zu!

1. ☐ encima de la mesa   **a)** gegen

2. ☐ delante de la puerta   **b)** rechts

3. ☐ en la esquina .   **c)** an

4. ☐ a la derecha de la chimenea   **d)** auf

5. ☐ empujar a una persona contra la chimenea   **e)** vor

"Un momento" –piensa el inspector–. "¿Para qué forzó la puerta el marido? Normalmente tiene llaves. Y si no, basta con llamar a la puerta y la mujer abre… Aquí hay algo raro…"

–Señor, entonces… –dice Schmitt.

–Sé lo que estás pensando, Schmitt: si el marido es el asesino, ¿por qué forzar la puerta? Creo que quizás tenemos que considerar otras alternativas.

–Un momento… –El inspector mira unas marcas que hay delante de la puerta. Parecen de una moto–. Rafa, ¿has analizado ya estas marcas? –pregunta Fernández al técnico.

Ejercicio 4: Vocabulario. In diesem Gitternetz sind folgende Krimivokabeln versteckt. Finden Sie sie!

caso	investigar	culpable	crimen

violencia	sospechoso

C	V	O	V	Z	G	E	V	Z	L	E	B
A	B	A	I	B	A	S	E	S	N	G	I
S	O	R	O	E	A	B	Z	E	M	K	P
O	X	L	L	I	Z	G	M	G	I	E	I
I	N	V	E	S	T	I	G	A	R	A	V
N	M	P	N	T	R	L	R	L	M	G	M
Y	I	U	C	C	U	L	P	A	B	L	E
E	S	S	I	G	I	A	X	U	Z	L	R
Z	E	C	A	U	P	E	G	V	Z	E	U
S	O	S	P	E	C	H	O	S	O	V	A

–Sí, señor. Las marcas son de una moto, pero no son de la moto que hay en el garaje. También hay cristales. Parece que son de un foco.

–¿Estás seguro?

–Segurísimo, señor.

–Muy bien, pues identifica el tipo de moto y mira si es la moto de un vecino.

–Ya lo he hecho, señor, pero desgraciadamente esto no va a ayudar mucho a la investigación: es una vespa PK –dice Rafa.

–Señor, ¿hago una lista con los motoristas que tienen este tipo de moto en Cádiz? –pregunta Schmitt.

–No, Schmitt, hay mucha gente que tiene esa moto en Cádiz. La lista no tiene sentido. Schmitt, estamos ante un caso más complicado de lo que pensaba. Adiós a la hipótesis de violencia de género.

| foco *m* | *hier*: Schein-werfer |
| caso *m* | Fall |

2 La autopsia

–Schmitt, vamos a hablar con los **vecinos** –dice el inspector Fernández–. Seguro que alguien vio algo sospechoso o sabe algo de la moto. Puede ser de un vecino.

El inspector y su ayudante llaman a todas las puertas y hablan con los vecinos y nada. **Nadie** sabe nada. Cuando se van a casa, ven a una señora mayor, de unos ochenta años. La señora llega del mercado, porque lleva muchas bolsas con verduras y pescado. Abre la puerta de la planta baja, justo al lado del piso de la víctima.

vecino *m*	Nachbar
nadie	niemand
raro	komisch, merkwürdig
ruido *m*	Geräusch, Lärm
ensayo *m*	Probe

–Señora, ¡policía! ¿Tiene unos minutos? Necesitamos hablar con usted por el asesinato de Pilar Núñez. Díganos: ¿vio algo **raro** la noche del viernes? ¿Escuchó algún **ruido**?

–Mire, yo no escucho bien, así que… Y me voy a la cama muy temprano todos los días.

–Bien –Fernández casi pierde la esperanza de encontrar alguna información útil–. ¿Ha visto usted una moto por aquí?

–¿Una moto?

–Sí, ¿vio usted a un motorista cerca de la casa de Pilar Núñez?

–Veo muchas veces a un chico que llega aquí en moto y visita a Pilar.

–¿Desde cuándo? ¿Y qué aspecto tiene?

–Pues más o menos los dos últimos meses. Viene siempre que el marido de Pilar tiene **ensayo** con su grupo de carnaval. Parece que es un chico joven, pero no sé cómo es exactamente porque siempre lleva casco.

–Muy bien, ¿y puede decirnos cómo es la relación con el marido?

–Muy buena. Yo los conozco de toda la vida.

–Muy bien, gracias, señora.

"A lo mejor el motorista es el amante de la víctima. Quizás el marido lo descubrió y por eso mató a Pilar. Tenemos que averiguar quién es" –piensa el inspector Fernández–. De pronto, suena el móvil.

–Dígame –dice el inspector.

–Inspector Fernández, ya tengo los resultados de la autopsia.

–Muy bien –el inspector cuelga el teléfono–. Schmitt, vamos, la autopsia está lista.

Ejercicio 5: Verbos. Formulieren Sie folgende Sätze ins Pretérito Indefinido der 1. Person um!

1. La vecina de Pilar Núñez no vio ni escuchó nada.

Yo no _____

2. El marido descubrió a la mujer y al amante.

Yo _____

3. Jesús Contreras mató a Pilar.

Yo _____

4. El inspector se encontró a la vecina en la puerta de la casa.

Yo _____

El inspector Fernández entra en el **instituto anatómico forense**. Las salas donde se practica la autopsia están en el **sótano**. El inspector y su ayudante pasan por un pasillo con una luz muy blanca. Las paredes y el suelo son blancos también. Hay un silencio absoluto.

Los policías entran en la sala 3. Es una sala enorme. Allí hay cuatro o cinco cuerpos con una **sábana** blanca encima. El **olor** a formol es horrible. Los policías pasan rápidamente al final de la sala. Allí está el doctor Horacio esperando

casco *m*	Helm
amante *m*/*f*	Liebhaber
instituto *m* anatómico forense	Gerichts-medizinisches Institut
sótano *m*	Keller
sábana *f*	Bettlaken; *hier*: Tuch
olor *m*	Geruch
estar *irr* a punto de	kurz davor sein etw. zu tun
causa *f*	Grund
cuello *m*	Nacken

con el cuerpo de la víctima. Lleva una chaqueta blanca y unas gafas muy grandes.

–Buenas tardes, inspector.

–Buenas, Horacio, ¿qué tal? Este es mi ayudante, Schmitt –el inspector mira a Schmitt. El chico está blanco como la pared. Parece que **está a punto de** vomitar–. Schmitt, ¿estás bien? Si quieres, puedes esperar en la puerta.

–No, no –contesta Schmitt no muy convencido.

–Muy bien –dice Horacio–. Pues empezamos con la **causa** de la muerte: la víctima murió de un fuerte golpe en la cabeza. Justamente aquí –el doctor señala la parte de detrás de la cabeza.

–¿Y estas marcas en el **cuello** y en los brazos?

–Parece que el asesino agarró a la víctima fuertemente por el cuello y los brazos antes de matarla.

–Bien –el inspector se acerca para verlo mejor–. Hay marcas de dedos. Voy a tomar unas fotos para medir las manos. Así podemos saber cómo es la persona aproximadamente: alta, baja, etc. Es curioso, parecen marcas de una persona con las manos pequeñas.

–Sí, pequeñas pero con **fuerza**, porque las marcas son muy profundas.

–¿Algo más, Horacio?

–No, eso es todo –dice el doctor y coge una taza que está en la mesa que hay detrás del cuerpo y toma un poco de café. En ese momento la cara de Schmitt se pone igual que el color de la víctima y se va corriendo a la puerta sin decir nada. Cuando el inspector sale al pasillo, Schmitt sale del servicio.

–Schmitt, ¿qué tal, hombre? No te **preocupes**, la primera vez[i] siempre es así. Después te acostumbras –el inspector sonríe–. ¡Tengo hambre! Te invito a unas tapas en el centro. ¿Conoces el **pescaíto frito**?

> Das Wort **vez** kommt in vielen spanischen Wendungen vor:
> **cada vez** = jedes Mal
> **a la vez** = gleichzeitig, zwischendurch, zugleich
> **en vez de** = anstelle von, statt
> **otra vez** = abermals

–No, señor.

–Pues tienes que probarlo, es la especialidad de Cádiz. ¡Vamos!

Ejercicio 6: Gramática. Lesen Sie weiter. Welches Verb ist korrekt? Unterstreichen Sie!

Los dos policías van a la Plaza de las Flores, que **1.** hay / está en el centro de Cádiz. "Qué bonito" –piensa Schmitt. En el centro de la plaza **2.** está / hay una fuente y a la derecha y a la izquierda **3.** hay / están kioskos donde venden flores de diferentes tipos. En la plaza **4.** están / hay muchos colores y una luz especial.

–Ahora entiendo por qué se llama la Costa de la Luz. La luz del sol aquí es más fuerte que en el norte de Europa –dice Schmitt.

–Sí, y el olor del pescaíto frito también es más fuerte –dice el inspector–. Mmmmm…¡qué rico! Vamos, te invito.

Los policías entran en el bar que hay en la esquina. Schmitt ve en la **barra** una especie de vitrina de cristal con un montón de pescado frito. Hay una **cola** muy larga de gente. Una señora pide medio kilo de calamares y medio kilo de sardinas y el camarero lo echa todo en una **cucurucho** de papel en cuestión de segundos. Hay un olor fuerte a frito y a comida, pero es agradable. Schmitt ya está mejor y tiene un poco de hambre.

–Schmitt, nos sentamos aquí en la barra.

–Vale.

–¡Paco, dos cervezas! ¡Y un **cuarto de frito variado**! Así probamos un poco de todo.

En el bar hay mucho ruido: la gente habla muy alto, los camareros **gritan** los pedidos al cocinero y recogen las mesas haciendo mucho ruido con los platos y los vasos. Se respira alegría y actividad.

–Me gusta este sitio –dice Schmitt. Entonces coge el móvil y mira cosas en internet.

fuerza *f*	Kraft
preocuparse	sich Sorgen machen
pescaíto *m* frito	frittierter Fisch
barra *f*	Tresen
cola *f*	Schlange
cucurucho *m*	Papiertüte
cuarto *m* de frito variado	250g verschiedene Fischsorten (frittiert)
gritar	schreien

–¡Pero Schmitt! ¿Qué haces? ¡No entiendo a los jóvenes! ¿Tenéis que usar todo el día esos aparatos? Hombre, disfruta de la comida tranquilo.

–Señor, estoy mirando información en internet sobre la víctima –dice Schmitt.

–Ah, ¿y hay algo interesante? –pregunta Fernández.

–Pues no. Pero… un momento.

Schmitt ve un vídeo. La víctima está en una fábrica textil. Parece que está en Asia. Al **fondo** se ve un cartel: "Klamotex". Pero los trabajadores son niños.

–¡Mire, jefe! ¡La víctima tiene un vídeo para protestar por el trabajo infantil! ¡Y el vídeo es nuevo en internet! ¡La fecha es de hoy!

–¡Paco, pon el pescaíto **para llevar**! ¡Nos vamos!

–Pero inspector, ¿adónde vamos?

–Tenemos que averiguar quién ha puesto el vídeo en internet y tenemos que hablar con el director de Klamotex. Venga, vamos, aquí hay demasiado ruido para poder hablar por teléfono.

fondo *m*	Hintergrund
para llevar	zum Mitnehmen
quitar	wegnehmen; wegräumen
subir	hochgehen; hochladen
cita *f*	Termin
escalera *f*	Treppe
bloquear	blockieren
ascensor *m*	Aufzug

Los dos policías van a la oficina de Fernández. Allí el inspector **quita** una montaña de papeles de una silla.

–Siéntate, Schmitt.

Mientras se comen el pescaíto frito, el inspector habla con los expertos para localizar desde dónde **subieron** el vídeo a internet.

Además, el inspector Fernández concierta una **cita** con el director de Klamotex para las siete de la tarde.

–Bueno, Schmitt, podemos descansar un poco, tenemos que esperar.

El inspector Fernández se quita la chaqueta y se queda solo con la camisa y los tirantes. Pone los pies encima de la mesa y se come tranquilamente el pescaíto frito.

–Schmitt, esto es vida –dice con cara de felicidad.

–¡Otra vez el móvil! ¡No puede tener uno un minuto de tranquilidad! ¡Dígame!

–Inspector Fernández, ya sabemos desde dónde han subido el vídeo a internet.

–¡Genial! ¿Y desde dónde?

–La dirección está aquí en Cádiz, señor. En el barrio de La Laguna.

–Vale… Ahora mismo vamos a interrogarlo. Gracias, Agustín. Voy para allá. ¡Hasta ahora!

Fernández llega al barrio de La Laguna. Ya están allí los otros policías. Dos de ellos van detrás del edificio. Un policía está en la ventana de la izquierda. Otros dos controlan la entrada al garaje. Todos llevan una pistola en la mano y están en silencio. Fernández va a la puerta principal y llama.

–¡Abra! ¡Policía!

Pero ya es tarde.

–¡Inspector, está subiendo la escalera! –dice un policía.

El inspector Pepe Fernández sale corriendo por la escalera. Los otros compañeros bloquean el ascensor. El inspector puede ver la mano en la baranda. Está dos pisos más arriba.

Ejercicio 7: Verdadero o falso. Markieren Sie mit richtig √ oder falsch – !

1. El asesino es una persona muy grande. ❏

2. Un chico joven visita a la víctima en los últimos meses. ❏

3. Una persona sube un vídeo a internet para protestar por el trabajo infantil. ❏

4. La policía no encuentra a la persona que ha puesto el vídeo en internet. ❏

–¿Por qué corre? Sólo queremos hablar con usted sobre el vídeo de Pilar Núñez –grita Fernández.

El hombre no responde y sigue corriendo. Fernández llega también al último piso y entra en la azotea.

El hombre está allí sin moverse, ya no puede escapar. Está de espaldas al inspector.

–¡Policía! –grita Fernández.

El hombre se da la vuelta. ¡Increíble! ¡Es el marido de la víctima!

–¿Jesús Contreras? Vamos a comisaría. Tiene que responder a unas preguntas.

"¡Qué raro!" –piensa Fernández–. "¿Por qué ha subido el vídeo a internet? ¿Por qué no habló con la policía después del asesinato de su mujer? ¡No parece una reacción normal! Creo que el marido es otra vez el principal sospechoso."

azotea *f*	Dachterrasse
de espaldas a	mit dem Rücken zu jmd.
darse *irr* la vuelta	sich umdrehen
huella *f*	Fingerabdruck
interrogatorio *m*	Verhör

Diez minutos más tarde el sospechoso entra en la comisaría.

–Schmitt, toma las huellas –dice el inspector a su ayudante.

"Tenemos que compararlas con las marcas que tiene el cuerpo de la víctima" –piensa Fernández.

Inmediatamente llevan al marido a la sala de interrogatorios.

3 Sospechosos

Schmitt va a la habitación que está al lado. Desde allí puede mirar, porque hay una ventana con **espejos** oscuros que deja ver lo que pasa en la otra sala. "Como en las películas", piensa Schmitt, que hace sus primeras prácticas como policía. No quiere perder detalle. Quiere aprender cómo ser un buen policía.

> espejo *m* — Spiegel
> circunstancias *f pl* — Umstände

Ejercicio 8: Gramática. Lesen Sie weiter und markieren Sie das korrekte Verb!

Cuando Fernández entra en la sala piensa: " **1.** es / está igual que el retrato robot: **2.** es / está un hombre de unos 35 años, lleva el pelo largo y barba y **3.** es / está bajo y gordito. Pero **4.** es / está muy viejo. Parece que **5.** es / está cansado, quizás lleva un par de días sin dormir. Y **6.** es / está muy nervioso…".

–Buenas tardes, señor Contreras. Sabe por qué está aquí, ¿no? –pregunta Fernández al marido de la víctima–. Su mujer murió el viernes en **circunstancias** extrañas.

—Lo sé, pero yo no la maté.

—Ah, lo sabe. Y… ¿cómo lo sabe?

—Fui yo quien llamó a la policía.

—¿Cómo?¿Y por qué no esperó a la policía, entonces? ¿Y por qué subir ahora un vídeo de su mujer a internet sin hablar con la policía? ¿Por qué escapar?

—Pues… —el marido no sabe qué decir.

—Dígame: ¿qué hizo usted el viernes por la noche? —pregunta el inspector.

—Estuve con mi grupo de carnaval, canto en una chirigota.

—¿Pueden sus compañeros confirmar que estuvo con ellos?

—Sí, claro, aquí tiene el teléfono.

—Muy bien —el inspector hace una señal a Schmitt, que llama y confirma la versión del marido.

—Sus compañeros han confirmado su versión.

⚡ chirigota *f*	Karnevalsgruppe
coincidir	übereinstimmen
protección *f* policial	Polizeischutz
enemigo/a *m/f*	Feind(in)
descubrir	entdecken

—Muy bien, entonces me puedo ir, ¿no?

—Un momento, no tan rápido —el inspector recibe un mensaje en el móvil. Las huellas del marido no coinciden con las marcas del cuerpo.

—Enseguida puede irse, solo una cosa más: ¿tenía su mujer un amante?

—¿Cómo?

—Una vecina vio a un hombre joven visitar a su mujer en los últimos meses. ¿Tiene idea de quién puede ser?

—Pues no, no tengo ni idea.

—Y otra cosa: si usted no es el asesino, ¿por qué no fue a la policía?

—Tuve miedo.

—¿Miedo de qué? ¿O de quién?

—Si hablo, tienen que darme protección policial.

–Después decidimos si es necesario. Primero cuénteme: ¿qué pasó?

El inspector Fernández le ofrece un café y él toma otro.

–Y bien, ¿qué **enemigos** tienen su mujer y usted?

–La empresa Klamotex. Le dije a Pilar que era peligroso hacer el vídeo, pero ella no me escuchó.

–Pero, ¿cómo hicieron ese vídeo? ¿Y cómo **descubrieron** que trabajan con niños?

–Inspector, mi mujer y yo trabajamos para una **ONG**: "Niños del mundo".

–Aha, ¿y su trabajo es descubrir empresas que utilizan a niños?

–Sí, eso es. Últimamente trabajamos con el tema de las empresas textiles. Es increíble cómo aquí consumimos ropa a precios increíblemente bajos mientras en otros países las empresas usan a niños para la producción.

–Ya veo.

–Inspeccionamos diferentes em-

ONG (organización no gubernamental) *f*	NGO (Nichtregierungsorganisation)
hacer *irr* **público**	öffentlich machen
meter	reinstellen, reinsetzen; *hier*: ins Gefängnis stecken
responsable *m / f*	Verantwortliche(r)
prisión *f*	Gefängnis

presas, y Klamotex fue una de ellas. Mi mujer decidió grabar un vídeo para **hacer público** que trabajan con niños.

–Pero… no entiendo: ¿por qué no fueron a la policía? Nosotros podemos **meter** a los **responsables** en **prisión**. Eso es más efectivo que poner el vídeo en internet.

–Sí, puede ser. Pero nuestra idea es hacer público este tema. Así la gente quizá deja de comprar en las tiendas de Klamotex. Ese es nuestro objetivo. Si llamas a la policía, los responsables van a lo mejor a prisión, sí, pero seguro que el director no va a prisión, la empresa continúa funcionando y la gente continúa comprando en las tiendas, ¿entiende?

–Sí, tiene lógica. Pero hay una cosa que no me queda clara: ¿cómo financian la ONG? Hacer viajes a China no es muy barato…

–Pues… con donativos.

–Donativos… Bien, eso es todo, señor Contreras. Usted se va a quedar aquí en comisaría unos días.

Por su propia seguridad.

–Muchas gracias, inspector.

sueldo *m*	Gehalt
tirar	ziehen; wegwerfen
¡Qué barbaridad!	*hier*: Unglaublich!, Unverschämt!

Jesús Contreras sale de la sala. "Financian la ONG con donativos" –piensa Fernández. "¡Pues tienen que ser donativos de gente rica! Yo, con mi **sueldo** de policía, no puedo pagar un viaje a China. Esta gente de las ONGs está loca".

El inspector Fernández va a su oficina. Allí tiene montañas y montañas de papeles. En ese momento llega Schmitt con más papeles.

–Señor Fernández, aquí tiene los documentos que encontramos en la casa de la víctima.

–Pero hombre, Schmitt, llámame Pepe, somos compañeros.

–Pero usted me llama Schmitt.

–Es que no puedo pronunciar tu nombre,…¿Cómo es? "yor"…

–Jörg, señor.

Ejercicio 9: Verbos. Bilden Sie den passenden Infinitiv zu den unregelmäßigen Verben!

1. fui _____

2. hizo _____

3. estuvo _____

4. tuve _____

–Por eso digo que Schmitt es más fácil. Bueno, vamos a mirar esos documentos.

–¿Dónde los pongo, señ… Pepe?

–Aquí.

El inspector Fernández pasa una mano por la mesa y tira un montón de papeles al suelo para dejar espacio libre.

–Pero señor inspector…

–No te preocupes, después los ordeno. Es que ahora no tenemos tiempo. A las siete en punto tengo que estar en Klamotex.

Los dos policías revisan los papeles con cuidado. Uno por uno. La mayoría de los papeles son informes sobre Klamotex. En ellos hay muchos datos: el número de trabajadores, el número de fábricas, el dinero que ganan, el dinero que pagan a sus trabajadores.

–Esto es increíble –dice Fernández–. ¿Cómo consiguieron toda esta información? Hay datos concretos. Mira, hay listas de productos, por ejemplo: una chaqueta: precio de producción 3€, sueldo del trabajador 35 céntimos por 6 horas de trabajo, precio de la chaqueta… ¿cómo? ¡Qué barbaridad!

–¿Cuánto cuesta, inspector?

–¡85€! ¡Pero esta gente está loca!

Los policías continúan leyendo documentos durante un par de horas más.

–Sólo hay informes sobre Klamotex, inspector –dice Schmitt–. La verdad es que si hacen público esto, pueden hacer a Klamotex perder mucho dinero.

–Pues sí, así que ahora son nuestros principales sospechosos. Si sabían que Jesús Contreras y su mujer tenían este material, tenían motivos suficientes para querer matar a la víctima y…

–Señor Fernández…

–Schmitt, te he dicho que soy "Pepe", "P–E–P–E".

–Sí, señor, digo, Pepe, pero es que son las 18:45 y tiene la cita con Klamotex a las 19:00.

–¡Dios mío! Schmitt, tú continúas con los papeles, ¿vale? ¡Hasta luego!

Cuando el inspector sale de la oficina Schmitt ve que las llaves del coche de policía están encima del montón de papeles que hay en la mesa.

–¡Peepeee! –Schmitt llama al inspector por la ventana que da al patio interior.

Cuando el inspector mira hacia arriba Schmitt tira las llaves. ¡Zas! El inspector las coge. ¡Qué haría Fernández sin sus ayudantes!

"Uf, Klamotex está un poco lejos" –piensa el inspector–. Además, a las siete de la tarde hay mucho tráfico en Cádiz. La gente sale del trabajo y muchos viven fuera. Por eso, el inspector pone la luz de emergencia y todos los coches se **apartan** para dejarlo pasar.

El inspector Fernández tiene una cita con el director de Klamotex

apartar	*hier*: ausweichen
casualidad *f*	Zufall
encantado	sehr erfreut (jmd. kennenzulernen)
sonreír	lächeln

Andalucía. Pero cuando llega a la oficina ve a Rogelio Arteaga, director principal de Klamotex. El inspector lo conoce de los periódicos: Arteaga está en la lista de los diez hombres más ricos de España.

"Qué raro", –piensa el inspector Fernández– "¿cómo es posible que esté en Cádiz el director principal de la empresa? Seguro que no es una **casualidad**".

–Buenas tardes, soy Rogelio…

–…Arteaga, sí, es usted muy conocido. Yo soy el inspector Fernández.

–**Encantado**, señor Fernández –Rogelio Arteaga **sonríe** amablemente–. Bienvenido a Klamotex. Esta es una empresa familiar que creó mi padre hace solo 50 años. Como ve, nuestras **instalaciones** están muy cuidadas y los trabajadores están muy contentos con nosotros. Venga conmigo, le enseño la fábrica.

–Muchas gracias, señor Arteaga, pero no tengo mucho tiempo, ¿podemos pasar a su **oficina**?

—Claro, claro, veo que usted también tiene mucho trabajo. Pase, por favor.

La oficina de Rogelio Arteaga está decorada sólo en blanco y negro, con unos muebles muy modernos. En letras **doradas** enormes puede leerse "Klamotex" detrás del sillón del director.

—Y bien, dígame, inspector. ¿En qué puedo ayudarlo?

—Antes de nada, sólo por curiosidad: ¿cómo es que está usted aquí? Esta no es la central de Klamotex, ¿verdad?

—No, la central está en Madrid. Estoy aquí por asuntos personales. Mi madre está enferma y vive aquí. Vine a visitarla, pero al final, no puedo **dejar de** trabajar ni un día. Me comprende, ¿no?

—Sí. En la policía es igual. En fin, quiero saber si conoce a esta mujer —el inspector pone en la mesa una foto de la víctima.

—No, no sé quién es —el director hace un gesto de horror que sólo dura un segundo. Después vuelve a estar alegre. Fernández ve que es una persona que sabe controlar perfectamente sus gestos. Se nota que su trabajo es **vender**.

—¿Dónde estuvo usted el viernes por la noche?

—Pues en casa de mi madre. Ya le he dicho que está enferma. Además,

instalación *f*	*hier*: Anlage
oficina *f*	Büro
dorado	golden
dejar de hacer algo	aufhören etw. zu tun
vender	verkaufen
pretender	beabsichtigen

¿qué **pretende** con esa pregunta? Yo no tengo ni idea de quién es esa mujer.

En ese momento entra la secretaria del señor Arteaga y dice que tiene una llamada urgente de su madre. El señor Arteaga se disculpa, sale rápidamente de la oficina y deja allí al inspector Fernández.

El inspector Fernández tiene calor, así que se levanta y abre la ventana. De pronto entra un golpe de viento y unos papeles salen volando de encima de la mesa. "¡Qué desastre!" —piensa Fernández y empieza a coger los papeles del suelo. "Pero, un momento" —piensa Fernández mientras lee los papeles– "¿Jesús Contreras y su mujer son trabajadores de Klamotex? Ahora sí que no entiendo nada."

En el pasillo se oye cómo Arteaga dice adiós a su madre y vuelve a la oficina. El inspector recoge rápidamente los papeles del suelo y los pone en la mesa. Sólo un segundo antes de que el director entre en la oficina está **listo**. "Uf, justo **a tiempo**" –piensa Pepe Fernández.

listo	fertig
a tiempo	rechtzeitig

Ejercicio 10: Alternativas. Kreuzen Sie die richtige Option an!

1. El marido dice que no llamó a la policía porque...

   a) ☐ ...tuvo miedo de Klamotex.

   b) ☐ ...tuvo miedo de ir a prisión.

2. Jesús Contreras subió el vídeo a internet porque...

   a) ☐ ...quiere ver a los responsables de Klamotex en prisión.

   b) ☐ ...su idea es hacer público el trabajo infantil y así la gente no compra en las tiendas.

3. Klamotex...

   a) ☐ ...no tiene motivos para matar a la víctima.

   b) ☐ ...tiene motivos para matar a la víctima.

4. Jesús Contreras y su mujer, Pilar Núñez...

a) ☐ ...son trabajadores de Klamotex.

b) ☐ ...son trabajadores de Klamotex y de la ONG "Niños del mundo".

Una foto

Schmitt está en la comisaría ordenando los papeles del inspector. "¡Este hombre es un policía excelente, pero es un absoluto desastre!" –piensa Schmitt. En ese momento suena el teléfono.

–¿Dígame?

–Schmitt, soy Pepe. Necesito hablar otra vez con Jesús Contreras, el marido de la víctima.

–¿Qué pasa, señor?

–Ahora hablamos. En media hora estoy ahí. Lleva al sospechoso a la sala de interrogatorios.

–Muy bien, hasta… –Schmitt no puede terminar la frase.

mentir *irr*	lügen
soportar	ertragen
mentira *f*	Lüge
verdad *f*	Wahrheit
conciencia *f*	Gewissen
tomarse algo en serio	etw. ernst nehmen
ponerse *irr* nervioso	nervös werden
rabia *f*	Wut

En la sala de interrogatorios el inspector pregunta directamente a Jesús Contreras:

–A ver, ¿por qué **mintió**?

–Pero, señor inspector, yo no…

–Mire, yo soy un hombre muy tranquilo, pero hay algo que no **soporto**: ¡las **mentiras**! Así que venga. Dígame toda la verdad. Vamos a ver: ¡sé que usted y su mujer trabajaron para Klamotex durante 3 años!

–Sí, es **verdad**.

–Y no como trabajadores normales, no. Como jefes. Y además hicieron viajes a Asia y a La India para visitar las fábricas de Klamotex. Ahora entiendo cómo financia la ONG los viajes.

–Sí –Jesús Contreras mira la mesa. No sabe qué decir.

–Muy bien, y entonces, ¿qué es toda esta historia de la ONG? ¿Un "*hobby*" para limpiar su **conciencia**?

–No, eso no es verdad.

Ejercicio 11: Preposiciones. Lesen Sie weiter. Welche Präposition ist korrekt? Unterstreichen Sie!

–Me imagino cómo pasó todo: su mujer **se tomó muy en serio** el trabajo de la ONG, más en serio que el trabajo de Klamotex. Entonces decidió poner el vídeo en internet. Los responsables de Klamotex vieron el vídeo y hablaron con usted. Entonces usted, **1.** por / para conservar su trabajo, o **2.** por / para conservar su vida, decidió matar a su mujer. Y Klamotex le pagó **3.** por / para ello. ¿Es verdad?

Jesús Contreras **se puso muy nervioso.** Se puso rojo **4.** por / de rabia.

–¡¡Eso no es verdad!!

–Muy bien. Pues si no es verdad, dígame qué pasó en realidad.

Contreras calla unos segundos antes de responder.

–Mi mujer y yo empezamos a trabajar **5.** por / para Klamotex hace tres años.

—Ah, primero trabajaron para Klamotex. ¿Y cómo entraron en contacto con la ONG? ¿Cuándo empezaron a trabajar para ellos?

—Pues seis meses más tarde. Mire, nosotros estudiamos Economía. Por eso el trabajo con Klamotex fue como un sueño... hasta que vimos la realidad.

—¿A qué realidad se refiere?

—A las condiciones de trabajo. Y especialmente a que usan a niños para fabricar textiles. Cuando hicimos un viaje a Asia lo tuvimos claro: buscamos una ONG para luchar contra el trabajo infantil.

—Aha. Pero, hay algo que no está claro: ¿por qué continuaron trabajando para Klamotex? ¿Por qué llevaron una doble vida? Yo creo que es más lógico **dejar** Klamotex, ¿no?

—Pues sí. Pero la ONG no tiene mucho dinero. Pensamos: "trabajar para Klamotex es la manera perfecta de financiar la ONG: así usamos el dinero de Klamotex para **luchar** contra el trabajo infantil" – explica Jesús Contreras–. Además, pudimos ver las fábricas y grabar los vídeos gracias al trabajo. Las ONGs o los medios de comunica-

dejar	verlassen; *hier*: kündigen
luchar	kämpfen
tener *irr* acceso a	Zugang zu etw. haben
evitar	vermeiden
ocultar	verschweigen, verbergen
estar *irr* de buen/ mal humor	gut / schlecht gelaunt sein
resolver *irr*	lösen, klären

ción no **tienen acceso a** esas fábricas. ¿Entiende?

—Sí. En fin, Entonces eso es todo. Voy a hablar con la ONG para confirmar su versión.

Jesús Contreras se levanta de la silla y va hasta la puerta.

—Un momento, –dice el inspector Fernández–.¿por qué el director de Klamotex no quiso identificar a su mujer en la foto? Supongo que para **evitar** el escándalo. "Una trabajadora de Klamotex asesinada". Si esa información llega a los medios no es buena publicidad para la empresa, ¿no?

Jesús Contreras dice que sí con la cabeza.

Los dos salen de la sala de interrogatorios.

–Y otra cosa: ¿por qué no me habló usted de su trabajo en Klamotex?

–Hombre, porque Klamotex trabaja con niños y eso es ilegal. Pensé: "Es mejor no decir nada. Así quizás la policía no va a averiguar nada. Y el director de Klamotex no va a decir nada tampoco, porque puede ir a prisión".

–Entiendo, pero usted sabe que es un delito **ocultar** información a la policía, ¿no? Además, así perdemos el tiempo.

El inspector Fernández no es un hombre serio, siempre **está de buen humor**. Pero hoy tiene un mal día. Esto no pasa muchas veces, pero cuando el inspector está nervioso o está triste, o cuando no sabe cómo **resolver** un caso, tiene una solución: ir a La Caleta. Allí puede pensar y tranquilizarse un poco.

–Schmitt, ¿vienes a La Caleta?

–¿Adónde, inspector?

–¿No conoces la playa de La Caleta? ¡Es la playa que hay aquí en el centro! Venga, vamos. ¡Te va a encantar!

Los dos policías van a La Caleta. Está sólo a diez minutos caminando desde la comisaría.

Ejercicio 12: Verbos. Welche Verbform ist das „schwarze Schaf"? Unterstreichen Sie!

1. comí   hablé   fue   estuve

2. vivieron   dijeron   comieron   escribieron

3. comimos   tuvimos   hicimos   hablamos

4. trabajó   dijo   hice   estuvo

–¡Oh! ¡La playa es preciosa! –dice Schmitt.

La Caleta es pequeña, pero muy bonita. En la playa hay un **balneario** que ahora es un centro de exposiciones. El edificio es de color blanco y, con el sol, la playa está más **luminosa**. En el agua hay muchas barcas pequeñas de pescadores o vecinos del barrio. Son las tres de la tarde y hay mucha actividad: hay unos niños en el agua y otros están jugando en la arena. Un hombre está leyendo el periódico tranquilamente. Hay algunos grupos de señoras mayores que están jugando al bingo. Se pueden escuchar las risas desde el **paseo**. Desde allí también se puede **oler** el pescaíto frito del bar.

balneario *m*	(Heil-)Bad
luminoso	leuchtend, hell, strahlend
paseo *m*	Promenade
oler	riechen
castillo *m*	Schloss, Festung
proteger	(be)schützen
matrícula *f*	Nummernschild
dividir	teilen
calle peatonal *f*	Fußgängerzone

–La luz que hay en este sitio es especial –dice el inspector Fernández, que está pensando en voz alta.

–¿Qué es eso? –dice Schmitt.

Schmitt se refiere a los dos **castillos** que hay al lado de la playa: uno a la derecha y otro a la izquierda.

–Son castillos para **proteger** la ciudad de ataques piratas.

–¿Sí? ¡El camino que va a ese castillo está en el mar!

El castillo de San Sebastián es como una isla en el mar. Sólo se puede llegar a él por un largo camino de piedra. Las olas del mar están a la derecha y a la izquierda. A veces también caen encima de los turistas.

–Schmitt, ¿sabes que aquí hicieron una de las películas de 007?

–¿De verdad? ¡Me encantan esas películas, jefe!

El inspector se ríe. Sólo en diez minutos está de mejor humor. Ahora está más alegre. Es el inspector Fernández de siempre. El trabajo continúa.

El inspector Fernández habla con el director de la ONG y confirma la información del marido de la víctima. Punto por punto. "Parece que entonces el principal sospechoso es el director de Klamotex" –piensa Fernández. Justo en ese momento, el inspector recibe un mensaje.

–¿Un mensaje con foto? –el inspector lo abre.

La policía de tráfico le envía un mensaje con la foto de un motorista.

–¿Qué es, jefe?

En la foto sólo se ve al motorista y debajo la velocidad: 70 km/ hora. Demasiado rápido para la ciudad, por eso el control de seguridad activó la cámara. El inspector mira la fecha: ¡la foto es del día en que murió la víctima! Y ... ¡media hora después de la muerte! Además, el control está en el barrio de la víctima.

–Tenemos que averiguar quién es y si está relacionado con el caso. Es el mismo tipo de moto que estuvo en la casa de la víctima el día del asesinato y el foco está roto, pero claro, hay muchas motos iguales, así que esa no es una prueba definitiva –dice el inspector. Averiguar quién es el hombre de la foto es difícil, porque con el casco no pueden verle la cara. Pero ven que es una persona pequeña. También hay un problema: no pueden identificar la moto porque no tiene una **matrícula** normal. La matrícula es: "China007", así que no está en el registro de la policía, es una matrícula ilegal.

Schmitt y el inspector **dividen** el trabajo: Fernández va a Klamotex para hablar con el director otra vez y Schmitt va a la casa de la víctima y habla con los vecinos.

Dos horas más tarde el inspector y su ayudante quedan en una de las heladerías más famosas de Cádiz. Está en la **calle peatonal** del centro. Mientras espera, Fernández pide una copa con cinco bolas. "¡Qué rico!"–piensa– "Hoy ya me lo he ganado". Entonces llega Schmitt.

–¿Qué tal, jefe?

–Schmitt, el director de Klamotex no conoce a este hombre.

–¿Y si es mentira?

–No, Schmitt. Fui a su oficina y le enseñé la foto. Cuando vio la foto de la víctima vi el horror en sus ojos, pero ahora nada. Y mi visita fue una sorpresa, así que creo que es verdad.

–Pues los vecinos no saben quién es, pero vieron al motorista en la

conocido *m*	Bekannter

casa hace un par de semanas, igual que la señora de la planta baja.

–Interesante –Fernández piensa un momento.

–Entonces, ¿cree que es un conocido de la víctima? –pregunta Schmitt–. ¿Su amante?

–No sé, Schmitt, pero vamos a averiguarlo.

Ejercicio 13: Alternativas. Antworten Sie auf die Fragen, indem Sie die richtige Option ankreuzen!

1. ¿Por qué Jesús Contreras y Pilar Núñez llevaron una doble vida, trabajando en Klamotex y también en la ONG?

   a) ☐ Para poder financiar los proyectos con la ONG.

   b) ☐ Porque el trabajo de Klamotex fue como un sueño porque habían estudiado Economía.

2. ¿Por qué el director de Klamotex no dijo que Pilar había trabajado para su empresa?

   a) ☐ Porque es el asesino.

   b) ☐ Para evitar un escándalo y mala publicidad en los medios.

3. ¿Por qué Jesús no le habló a la policía de su trabajo en Klamotex?

    a) ☐ Porque la empresa trabaja con niños, y eso es ilegal.

    b) ☐ Para hacer a la policía perder el tiempo.

4. ¿Por qué la foto del motorista no es una prueba definitiva?

    a) ☐ Porque en Cádiz hay muchas motos iguales.

    b) ☐ Porque la marca de la moto es diferente.

5 Un asesino en el paraíso

Ya en la comisaría, los dos policías van a la oficina del inspector Fernández. Allí hacen un café. Fernández se quita la chaqueta y pone los pies encima de la mesa. "Esto es vida" –piensa, pero de pronto algo lo pone nervioso.

–Schmitt, ¿qué pasa? ¿Y los papeles?

–Tranquilo, inspector, están en el armario. Ahora su oficina está ordenada, ¿le gusta?

–¡No! **Aunque** parece que soy caótico, yo tengo **mi propio** orden. ¡Ahora no voy a poder encontrar nada, hombre!

aunque	obwohl, auch wenn
propio	eigen
recapitular	zusammenfassen, rekapitulieren
tratarse de	sich um etw. handeln
probablemente	wahrscheinlich
amenaza f	(Be-)Drohung

–En fin, vamos a trabajar –dice Fernández más tranquilo–. Schmitt, **recapitulemos**: la víctima murió el viernes por la noche en su casa de un golpe en la cabeza. En la escena del crimen sólo encontramos marcas de una moto y signos de violencia en la puerta. No hay arma, porque la víctima murió de un golpe contra la chimenea.

Muy bien, esto nos lleva a pensar que **se trata de** un caso de violencia de género, porque además el marido está desaparecido.

–Pero al final el marido aparece y no es el asesino.

–Bueno, Schmitt, hablamos de que "**probablemente**" no es el asesino. No estamos seguros 100% hasta el final. Si la mujer tenía un amante, como dice la vecina, el marido sí tiene un motivo para matarla.

—El que sí tiene motivos para matarla es el director de Klamotex.

—Efectivamente, pero no podemos probar nada.

Ejercicio 14: Pretérito indefinido. Lesen Sie weiter. Bilden Sie die Formen des Pretérito Indefinido der folgenden Verben!

La víctima y su marido **1.** ellos − grabar _____ un vídeo en las fábricas de Klamotex y ése puede ser el motivo para que la empresa quiera matarlos.

Pero lo raro es que no **2.** ellos − intentar _____ matar al marido.

-Bueno, señor, el marido **3.** él − irse _____ de la casa.

-Sí, pero... ¿y después? Igual que nosotros lo **4.** nosotros − encontrar _____, "ellos" también **5.** ellos − poder _____ hacerlo. Además, no **6.** recibir − él _____ en ningún momento **amenazas** ni nada; ni él ni su mujer. Al menos el marido dice que no.

Normalmente, en estos casos, la víctima recibe primero amenazas, en este caso para retirar el vídeo de internet.

–Sí, pero el motorista había estado en la casa de la víctima también otras veces. Los vecinos dicen que lo vieron un par de veces. Pudo **amenazar** a la víctima.

–Exactamente. A lo mejor fue a amenazar a la víctima y ella no le dijo nada al marido.

–O quizás es un amigo y no el asesino. A lo mejor simplemente estuvo en la casa, pero no es el asesino.

–Un momento, ¿qué dices? –pregunta el inspector Fernández.

–Que… no es el asesino –dice Schmitt un poco inseguro.

–No, antes. Que quizás es un amigo… –el inspector Fernández se queda pensando unos segundos–. ¡Claro! No sólo tenemos que investigar a los enemigos, es decir, a Klamotex. Quizás los compañeros de la ONG pueden darnos alguna información. **A lo mejor** Klamotex no es el único proyecto peligroso. Yo creo que la ONG tiene que tener muchos otros enemigos con motivos suficientes para matar a la víctima.

El inspector Pepe Fernández quita los pies de la mesa. Se levanta rápidamente y coge la chaqueta.

–Me voy a la ONG.

–Pero señor…

–Schmitt, tú esperas aquí y te llamo si necesito algo, ¿vale?

–¡Claro, jefe!

El inspector se va corriendo, esta vez, con las llaves del coche. Cuando llega a la oficina de la ONG lo recibe Pablo Bueno, el director.

–Buenas tardes, soy el inspector Pepe Fernández. Hablamos esta mañana por teléfono.

–Sí, sí, lo recuerdo. Y dígame, inspector, ¿por qué está aquí si hablamos ya esta mañana? Ya le dije toda la información que sé.

amenazar	(be)drohen
a lo mejor	vielleicht
madera *f*	Holz
tablón *m*	Schwarzes Brett

–¿Podemos pasar a su oficina? –pregunta Fernández.

–Claro, claro.

"¡Esta oficina es bastante diferente a la de Klamotex!" –piensa Fernández. En la oficina hay un aire más familiar, más natural. Hay una mesa de **madera** y tres o cuatro plantas. Detrás del director hay un **tablón** con postales de muchos países y fotos con niños de diferentes proyectos. El director es un hombre muy amable y tranquilo.

–Señor Bueno, como le dije estoy investigando el asesinato de Pilar Núñez[i], la mujer de Jesús Contreras y creo que quizás usted puede informarme sobre otros enemigos que puede tener la ONG, además de Klamotex –pregunta Fernández.

In Spanien behalten Ehepaare nach der Hochzeit meist ihre ursprünglichen Nachnamen und übernehmen nicht, wie in Deutschland üblich, den Nachnamen des Partners.

–Pues mire, como puede ver en las fotos, tenemos muchos proyectos diferentes, pero Jesús y su mujer sólo trabajan en el proyecto de Klamotex.

–¿Los tres años que llevan en la ONG sólo en un proyecto?

–Pues sí, es que es un proyecto bastante importante y lleva mucho tiempo conseguir la información. No es fácil tener acceso a las fábricas.

–Pero… ¿usted no sabe que el señor Contreras y la víctima son trabajadores de Klamotex y que por eso pudieron entrar en las fábricas y hacer fotos, vídeos, etc.?

–Sí, claro, por ese motivo el proyecto funciona mucho mejor desde que ellos trabajan con nosotros –explica el señor Bueno.

–Aha. Y a usted le parece bien, porque así la ONG no tiene que pagar los viajes a Asia.

–Un momento, inspector, ¿qué dice? De todas formas, la ONG no tiene mucho dinero para viajes o para pagar a trabajadores. La mayoría de la gente participa voluntariamente y paga el viaje, los hoteles, etc. La ONG necesita el dinero para cosas más importantes. Así que, en mi opinión, es igual cómo pagaron los viajes. La ONG

Ejercicio 15: Adverbios. Bilden Sie die Adverbien der folgenden Adjektive!

1. fácil   _____

2. normal   _____

3. exacto   _____

4. voluntario   _____

5. brusco   _____

no tiene nada que ver con eso. No preguntamos a cada voluntario cómo financia los viajes o los donativos.

–Entiendo –Fernández coge su móvil–. Una última cosa: ¿conoce al motorista de la foto? Es que tengo que hacerle todas las pregun…

–Claro.

–¿Cómo?

–Sí, hombre, es Li, nuestro voluntario chino. Lleva unos meses en la ONG. Está ayudando mucho con los proyectos en China.

–¿Está seguro? Mire que no se ve la cara.

–Sí, conozco su moto, y la matrícula: China 007. La veo todos los días. En ese momento Fernández nota que alguien está en la puerta. Está un poco abierta y hay una persona escuchando. "¿Cuánto tiempo lleva ahí? ¿Por qué está escuchando?" –piensa Fernández en un segundo–. De pronto el inspector se levanta bruscamente y sale corriendo.

Pero el chico es muy rápido. Cuando Fernández llega a la calle la moto ya está lejos. El inspector coge el coche, pone la sirena y va detrás a toda velocidad. El moto-

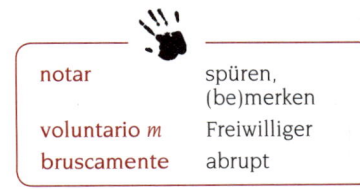

notar	spüren, (be)merken
voluntario *m*	Freiwilliger
bruscamente	abrupt

rista entra en la autopista. Va como un loco. "¡Dios mío, va a 150 kilómetros por hora!" –piensa Fernández. El motorista puede pasar fácilmente entre los coches. Para el inspector no es tan fácil, pero tiene mucha experiencia en este tipo de cosas.

En diez minutos están en Cádiz. "Pero… ¿adónde va? Se va a matar, o va a matar a alguien" –piensa Fernández cuando entra en **el casco antiguo**–. Las calles son muy **estrechas**, hay espacio justo para un coche y poco más. Y hay mucha gente en la calle porque es carnaval.

–¡Vamos a hacer una ruta turística, hombre! –dice Fernández.

El motorista **atraviesa** la ciudad hasta llegar al otro extremo. Cerca de la Caleta está el Gran Teatro Falla. "¿Este es nuestro objetivo? Pero… ¡hoy es la final!" –piensa el inspector Fernández–. Todos los años hay una competición de grupos de carnaval en Cádiz. Cada grupo hace sus propias canciones y disfraces originales. En realidad en Cádiz todo el año es carnaval. Los grupos empiezan a prepararse casi un año antes. Preparan su música y escriben letras de crítica a la realidad actual. La noche de la final es la gran noche del carnaval. "¡Hay miles de personas! Claro, el chico cree que así es más fácil escapar!" –piensa Fernández.

Fernández ve cómo el chico deja la moto tirada en la calle.

–Pero, **oye**, ¿adónde vas? –pregunta el señor de la puerta.

El motorista entra corriendo y sube las escaleras. Va hasta la parte más alta del teatro, hasta "el paraíso", como lo llaman, porque hay **nubes** y **ángeles**.

Cuando Fernández llega el chico ve que no puede escapar y sube a la baranda.

–¡**Alto**, policía!

–¡No **se acerque** o **salto**!

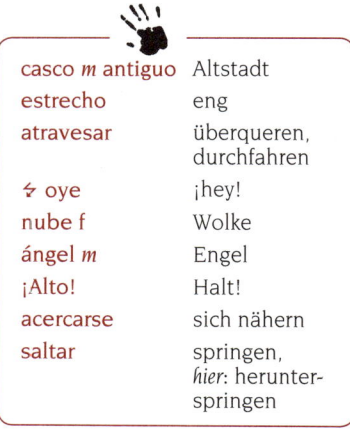

casco *m* antiguo	Altstadt
estrecho	eng
atravesar	überqueren, durchfahren
⚡ oye	¡hey!
nube *f*	Wolke
ángel *m*	Engel
¡Alto!	Halt!
acercarse	sich nähern
saltar	springen, *hier*: herunterspringen

Quedan diez minutos para la competición y el teatro está lleno. De pronto una persona mira hacia arriba. La gente empieza a gritar porque ve al chico que parece que va a saltar.

–Tranquilo. Baja de ahí. Tenemos que hablar de la muerte de Pilar Núñez.

Mientras, Schmitt y otros policías salen de la comisaría y en cinco minutos están todos allí. Abajo, **los bomberos** ponen una **red**.

–Yo solo quise **convencer** a Pilar. ¿Por qué trabajar para el enemigo? ¡Eso va en contra de nuestros principios!

–Con eso financió muchos proyectos.

–Sí, pero no me gusta. Es dinero sucio. Y ahora mi vida también ha terminado.

El chico se mueve para saltar, pero Fernández se acerca rápidamente y consigue tirarlo hacia atrás. Los dos caen al suelo. El chico está llorando.

–Yo solo quise hablar con ella. Fui a visitarla para hablar con ella varias veces, quise convencerla para dejar el trabajo de Klamotex,

bombero *m*	Feuerwehrmann
red *f*	Netz
convencer	überreden
juez *m*	Richter

pero… ¡fue imposible! El último día me puse nervioso, ella no quiso abrir la puerta y yo forcé la cerradura. Discutimos y la empujé. ¡Fue un accidente! ¡Yo no quise matarla!

–Te creo. Pero vas a tener que explicarlo ante el **juez**.

Fernández le pone las esposas.

–Antonio, lleva al chico a comisaría –le dice el inspector Fernández a un compañero.

–Señor, ¿vamos nosotros a comisaría también para hacer los informes? –pregunta Schmitt.

–¿Qué dices, Schmitt? Mañana trabajamos. Esta es la gran noche del carnaval. Mira, tengo dos entradas, te invito a ver la final.

–Gracias, señor.

–¡Pepe! –dice el inspector.

–Eso, Pepe.

Los dos policías están contentos. Después de resolver el caso pueden estar tranquilos y disfrutar de una noche de carnaval.

Otro caso resuelto por el inspector Pepe Fernández Chacón. Y su ayudante Schmitt, claro.

Ejercicio 16: Vocabulario. Finden Sie die passenden Vokabeln zu den Definitionen!

1. Es un lugar donde trabaja la policía. _____

2. Es un verbo que significa matar a una persona.

   _____

3. Es una persona que puede ser el asesino o el criminal, pero todavía no hay pruebas suficientes.

   _____

4. Es un instrumento que un asesino usa para matar a una persona. _____

5. Es lo contrario de inocente. _____

6. Es una acción en contra de las normas / de la ley, por ejemplo, un asesinato. _____

 **Test final**

Ejercicio 1: Comprensión. Können Sie die folgenden Fragen beantworten? Formulieren Sie ganze Sätze!

1. ¿Qué es ASANISE?

_____

2. ¿Qué es La Moraleja?

_____

3. ¿Quién es Pancho?

_____

4. ¿Qué hace Pancho con las víctimas de asesinato?

_____

5. ¿Quién es Julio Muñiz?

_____

6. ¿Quién es Irina?

_____

7. ¿Qué hacía Ángel Sánchez en Estados Unidos?

_____

8. ¿Por qué no duerme bien el comisario Márquez?

_____

9. ¿A quién vio Florinda Chaparro?

_____

10. ¿Dónde fue detenido el culpable?

_____

Ejercicio 2: Antónimos. Schreiben Sie die Gegensätze folgender Wörter!

1. fácil _____

2. valiente _____

3. gruesa _____

4. lujoso _____

5. orgulloso _____

6. extraño _____

7. lento _____

8. última _____

9. fresco _____

Ejercicio 3: Tildes. Setzen Sie die fehlenden Akzente!

Cuando tenia veinticinco años, Carlos Sanchez fundo la empresa ASANISE, que se convirtio pronto en una de las asesorias con mas exito en Madrid. Carlos estaba casado con Veronica Lopez, pero tenia una relacion con su secretaria, Ana Hernandez. Carlos no sabia que hacer porque queria a su esposa pero pensaba que ella no lo comprendia. Carlos hablo de sus problemas a su primo Angel Sanchez, pero el, en lugar de ayudarle, comenzo a chantajearle.

Ejercicio 4: Imperfecto o indefinido. Unterstreichen Sie die richtige Variante!

1. Ángel Sánchez vivía / vivió durante muchos años en Estados Unidos.

2. Carlos le dijo / decía que tenía / tuvo una relación con su secretaria.

3. Hacía / Hizo mucho tiempo que no se veían / vieron .

4. Carlos Sánchez asesinó / asesinaba a su primo.

5. Una empleada de la limpieza descubrió / descubría el cadáver.

6. Aquel día, a Pancho se le olvidaban / olvidaron las llaves.

7. Hasta entonces, Márquez siempre dormía / durmió bien.

8. ¿Por qué no me hablaste / hablabas nunca de tus problemas?

9. Carlos y Verónica se conocieron / conocían cuando eran / fueron muy jóvenes.

10. Carlos Sánchez metió / metía la carta de amenaza en el bolsillo del cadáver.

Ejercicio 5: Comprensión. Können Sie die folgenden Fragen beantworten? Formulieren Sie ganze Sätze!

1. ¿Qué es Triana?

_____

2. ¿Quién es Camarón de la Isla?

_____

3. ¿Por qué estaba Barbara Butzbach en Sevilla?

_____

4. ¿Quién es Clara Pallas?

_____

5. ¿Qué es la Giralda?

_____

Ejercicio 6: Artículo determinado o indeterminado.
Bestimmte oder unbestimmte Artikel? Setzen Sie ein!

el   los   las   un   una   unos

1. Diego es ___ hijo de Rufo y Emilia.

2. El comisario recibió a Maribel con ___ gran sonrisa.

3. Es un hombre de ___ cuarenta años.

4. Diego encontró a ___ víctima.

5. Quiero ver todos ___ detalles del contrato.

6. Es ___ grupo de alemanes que viene mucho por aquí.

Ejercicio 7: Adjetivos y adverbios. Ergänzen Sie das jeweilige Adjektiv und Adverb!

Beispiel: rapidez – rápido/a – rápidamente

1. rareza   _____   _____

2. desgarro   _____   _____

3. ironía   _____   _____

4. cultura   _____   _____

5. lentitud   _____   _____

Ejercicio 8: Verbos. Unterstreichen Sie die richtige Verbform!

1. Pepe Ávila apoyaba / apoyó al alcalde para ganar las elecciones.

2. Juan Esteban asesinó / asesinaba a la periodista.

3. El comisario estaba / estuvo pensando en Maribel cuando llegó.

4. Juan Esteban dijo a Maribel que Rafael Moralo había asesinado / hubo asesinado a Barbara Butzbach.

5. Habría / Había sido mejor que no le preguntaras.

6. Creo que nuestro hijo debía / debería hacer deporte

Ejercicio 9: Gramática. Unterstreichen Sie die richtige Option!

El inspector Pepe Fernández 1. es / está un policía muy elegante. 2. es / está alto y delgado y 3. tiene / lleva el pelo negro y muy rizado, aunque 4. tiene / es ya más de 60 años. Siempre 5. tiene / lleva tirantes. 6. Es / Está un policía muy bueno, pero 7. es / está un desastre. En su oficina 8. están / hay montañas de papeles encima de la mesa. Por suerte, su ayudante Schmitt siempre 9. es / está cerca para poder ayudarlo.

Ejercicio 10: Vocabulario. Übersetzen Sie und enträtseln Sie das Lösungswort!

1. Motorrad ☐ __ __ __

2. fragen __ __ __ __ ☐ __ __ __ __

3. Strand __ __ __ ☐ __

4. Kneipe, Bistro ☐ __ __

5. Verbrechen __ ☐ __ __ __

6. ermitteln __ __ __ ☐ __ __ __ __ __

7. Mörder __ __ __ __ __ ☐ __

Lösung: i__ __ __   __ __ __ __! ☺

 **Soluciones**

Negocio mortal

Ejercicio 1:   **1.** decoraciones **2.** cristales **3.** sensaciones **4.** poderes **5.** seguridades **6.** fáciles **7.** algunos

Ejercicio 2:   **1.** ciudad **2.** color **3.** centro **4.** coche **5.** varias

Ejercicio 3:

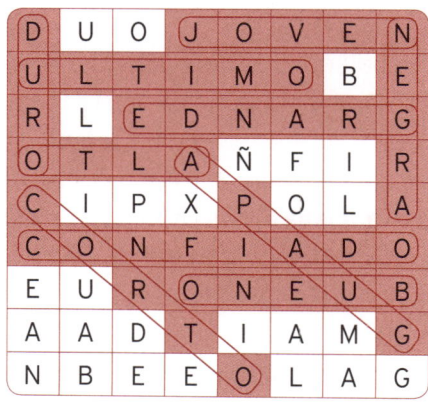

Ejercicio 4:   **1.** Nombre **2.** Apellidos **3.** Fecha de nacimiento **4.** Lugar de nacimiento **5.** Provincia **6.** Dirección

Ejercicio 5:   **1.** es **2.** Está **3.** era **4.** es **5.** son **6.** son **7.** están

Ejercicio 6: 1. e 2. d 3. f 4. g 5. a 6. b 7. c

Ejercicio 7: 1. nos conocíamos 2. Me mudé 3. aumentaron 4. pensé 5. eran 6. empezábamos 7. Ibamos 8. podíamos 9. era

Ejercicio 8: 1. fresco 2. preguntar 3. carta 4. cabello 5. orgulloso 6. lugar 7. último 8. sentir 9. contento 10. lucha **Lösung:** futbolista

Ejercicio 9: 1. Por favor, no vengas mañana a mi casa. 2. No creo que ella viva todavía en Madrid. 3. No pensaba que hubieras leído ese libro. 4. No creo que sus abuelos tengan ordenador portátil. 5. No se lo digas a nuestros padres. 6. No cierres la puerta cuando salgas.

Ejercicio 10: 1. trabajado 2. debido 3. hecho 4. ido 5. sido 6. escrito 7. abierto 8. descubierto 9. visto 10. dicho

Ejercicio 11: 1. aceptó 2. dolió 3. estaba 4. comprendí 5. quería 6. se quejaba 7. comprendía 8. creía 9. tenía 10. se quedaba 11. se enfadaba 12. hacía 13. comprendía 14. decía 15. habló 16. dijo 17. miraba 18. era

Ejercicio 12: 1. richtig 2. richtig 3. richtig 4. richtig 5. falsch 6. falsch 7. falsch

Ejercicio 13: 1. soñando 2. bebiendo 3. creyendo 4. viviendo 5. yendo 6. siendo 7. diciendo 8. pudiendo

Ejercicio 14: 1. Me olvidé las llaves en casa. **2.** Ese detalle fue descubierto por Pancho. **3.** Te estuve esperando toda la tarde. **4.** Creo que él oculta algo.

Ejercicio 15: 1. Tengo miedo de los fantasmas. **2.** Ellas vinieron cuando él menos las esperaba. **3.** Deberías hablar más con vuestros padres. **4.** Ayer vi esas imágenes y las estuve analizando.

El crimen de la Giralda

Ejercicio 1: 1. andado 2. comprado 3. dormido 4. descubierto 5. torcido 6. sido 7. ido

Ejercicio 2 1. apagando 2. apareciendo 3. ocurriendo 4. sintiendo 5. queriendo 6. acompañando 7. afeitando

Ejercicio 3: 1. En 2. del 3. en 4. de 5. en 6. de 7. durante 8. con 9. de 10. a

Ejercicio 4: 1. sillones 2. catedrales 3. habitaciones 4. voces 5. jóvenes 6. canciones 7. móviles

Ejercicio 5: 1. muy -mucho 2. tan 3. mucho - tanto 4. muy - mucho 5. mucho - tanto 6. tanto 7. tan

Ejercicio 6: 1. está 2. hay 3. son 4. está 5. es 6. está 7. hay 8. son 9. hay

Ejercicio 7: 1. viniera 2. llamaba 3. era 4. hablaba 5. hicieron 6. correspondía 7. podía 8. gustaba 9. enamoró

Ejercicio 8: 1. falsch 2. richtig 3. falsch 4. richtig 5. falsch 6. falsch

Ejercicio 9: 1. sea 2. registres 3. abras 4. podría 5. diría 6. volvería 7. vuelva

Ejercicio 10: 1. a 2. b 3. a 4. b 5. b

Ejercicio 11: 1.periódico 2. apodo 3. momento 4. grito 5. concejal
6. voz 7. torre
Lösung: cantaor

Ejercicio 12: 1. Pepe Ávila y el alcalde firmaron el contrato. 2. Los archivos en alemán fueron traducidos por la agente Verena. 3. El plan fue diseñado por el comisario y fue llevado a cabo por Montilla. 4. La cadena de radio y el periódico eran controlados por Ávila Lancharro. 5. Un guardia de seguridad recibió a la detective.

Ejercicio 13: 1. Di 2. vayais 3. Haz 4. Sé 5. esteis 6. Responda

Ejercicio 14: aquí – recién – qué – dónde – Podríamos – María – María – más – Hércules – creó – público – más – jardín – botánico – árboles

Ejercicio 15: 1. Stéphane le informó. 2. Maribel Montilla y Manolo Touriño lo buscarán. 3. Maribel lo pidió. 4. Stéphane quería pedirle un martini. 5. Stéphane afirma que Rafael Moralo la mató.

Ejercicio 16: 1. No creo que él fuera culpable. 2. El bar estaba lleno de gente. 3. Rafael fue detenido y llevado a comisaría. 3. Jean Stéphane no es su nombre real.

Asesinato en Cádiz

Ejercicio 1: **1.** identifica **2.** llama **3.** lee **4.** pon **5.** escribe

Ejercicio 2: **1.** es **2.** tiene **3.** tiene **4.** lleva **5.** es **6.** lleva

Ejercicio 3: **1.** d **2.** e **3.** c **4.** b **5.** a

Ejercicio 4:

C	V	O	V	Z	G	E	V	Z	L	E	B
A	B	A	I	B	A	S	E	S	N	G	I
S	O	R	O	E	A	B	Z	E	M	K	P
O	X	L	L	I	Z	G	M	G	I	E	I
I	N	V	E	S	T	I	G	A	R	A	V
N	M	P	N	T	R	L	R	L	M	G	M
Y	I	U	C	C	U	L	P	A	B	L	E
E	S	S	I	G	I	A	X	U	Z	L	R
Z	E	C	A	U	P	E	G	V	Z	E	U
S	O	S	P	E	C	H	O	S	O	V	A

Ejercicio 5: **1.** Yo no vi ni escuché nada. **2.** Yo descubrí a la mujer y al amante. **3.** Yo maté a Pilar. **4.** Yo me encontré a la vecina en la puerta de la casa.

Ejercicio 6: **1.** está **2.** hay **3.** hay **4.** hay

Ejercicio 7: **1.** falsch **2.** richtig **3.** richtig **4.** falsch

Ejercicio 8: **1.** es **2.** es **3.** es **4.** está **5.** está **6.** está

Ejercicio 9: **1.** ser/ ir **2.** hacer **3.** estar **4.** tener

Ejercicio 10: **1.** a **2.** b **3.** b **4.** b

Ejercicio 11: **1.** para **2.** para **3.** por **4.** de **5.** para

Ejercicio 12: **1.** fue (3. Person) **2.** dijeron (unregelmäßig) **3.** hablamos (1. Konjugation, in -AR) **4.** hice (1. Person)

Ejercicio 13: **1.** a **2.** b **3.** a **4.** a

Ejercicio 14: **1.** grabaron **2.** intentaron **3.** se fue **4.** encontramos **5.** pudieron **6.** recibió

Ejercicio 15: **1.** fácilmente **2.** normalmente **3.** exactamente **4.** voluntariamente **5.** bruscamente

Ejercicio 16: **1.** la comisaría **2.** asesinar **3.** sospechoso **4.** el arma **5.** culpable **6.** el crimen

Test final

Ejercicio 1: **1.** Son las siglas de "Asesoría Sánchez Inversiones Seguras", la empresa que dirigía Carlos Sánchez. **2.** Es una urbanización de lujo a las afueras de Madrid. **3.** Pancho es el ayudante del comisario Márquez. **4.** Habla con ellas. **5.** Un periodista de televisión. **6.** Una modelo, casada con un futbolista. **7.** Dirigía una empresa de importación de frutas. **8.** Porque tiene pesadillas. **9.** Florinda Chaparro vio a Ángel Sánchez, el chantajista. **10.** En el aeropuerto de Cancún.

Ejercicio 2: **1.** difícil **2.** cobarde **3.** esbelta **4.** humilde **5.** modesto **6.** normal **7.** rápido **8.** primera **9.** cálido

Ejercicio 3: tenía – Sánchez – fundó – convirtió – asesorías – más – éxito – Verónica – López – tenía – relación – Hernández – sabía – qué – quería – comprendía – habló – Ángel – Sánchez – él – comenzó

Ejercicio 4: **1.** vivió **2.** dijo – tenía **3.** Hacía - veían **4.** asesinó **5.** descubrió **6.** olvidaron **7.** dormía **8.** hablaste **9.** conocieron – eran **10.** metió

Ejercicio 5: **1.** Es un barrio de Sevilla. **2.** Es un cantaor flamenco. **3.** Estaba investigando sobre casos de corrupción. **4.** Es la gerente del Hotel Primavera, donde se alojaba Barbara Butzbach. **5.** Es la torre de la catedral de Sevilla.

Ejercicio 6: 1. el 2. una 3.unos 4. las 5. los 6. un

Ejercicio 7: 1. raro/a - raramente 2. desgarrado/a - desgarra-
damente 3. irónico/a - irónicamente 4. cultural -
culturalmente 5. lento/a - lentamente

Ejercicio 8: 1. apoyó 2. asesinó 3. estaba 4. había asesinado
5. habría 6. Debería

Ejercicio 9: 1. es 2. es 3. tiene 4. tiene 5. lleva 6. es 7. es 8. hay
9. Está

Ejercicio 10: 1. moto 2. preguntar 3. playa 4. bar 5. crimen
6. investigar 7. asesino
Lösung: ¡Muy bien!

Glosario

↯ = umgangssprachlich
f = feminin
m = maskulin
pl = Plural
irr = unregelmäßiges Verb

¡Alto!	¡Halt!
¡Qué barbaridad!	*hier*: Unglaublich!, Unverschämt!
a lo mejor	vielleicht
a simple vista	auf den ersten Blick
a tiempo	rechtzeitig
abrecartas *m*	Brieföffner
aceituna *f*	Olive
acercarse	sich nähern
acuchillar	erstechen
adivinar	(er)raten
admiración *f*	Bewunderung
ADN *m*	DNA
adquirir *irr*	erwerben
advertir	warnen
aficionarse a algo	sich für etw. begeistern
agarrar	anpacken
agotado	erschöpft

agotador	erschöpfend
alborotado	zerzaust (Haare)
alcalde *m*	Bürgermeister
alejarse	sich entfernen
alojarse	unterkommen
amante *m/f*	Liebhaber(in)
ámbito *m*	Umfeld
amenaza *f*	(Be-)Drohung
amenazar	(be)drohen
anciano *m*	Greis
ángel *m*	Engel
ansioso	begierig
antiguo	alt
antorcha *f*	Fackel
apartar	*hier*: ausweichen
apenar	bekümmern
apetecer *irr*	Lust haben
apodo *m*	Spitzname
apresuradamente	eilig
apuñalar	niederstechen
archivo *m*	Archiv
arma *f*	Waffe
armado	bewaffnet
arrepentirse *irr*	bereuen
arriesgado	riskant
ascensor *m*	Aufzug
asesinar	umbringen
asesinato *m*	Mord
asesino *m*	Mörder
asesoramiento *m* financiero	Steuerberatung
asustar	erschrecken

ataque *m* de celos	Eifersuchtsanfall
atragantarse	sich verschlucken
atravesar	überqueren, durchfahren
aunque	obwohl, auch wenn
ausente	abwesend
averiguar	ausfindig machen
ayudante *m/f*	Assistent(in), Helfer(in)
azotea *f*	Dachterrase
balneario *m*	(Heil-)Bad
bandeja *f*	Tablett
barra *f*	Tresen
beneficiar	profitieren
bigote *m*	Schnurrbart
bloquear	blockieren
bombero *m*	Feuerwehrmann
borrar	löschen
bromear	Witze machen
bruscamente	abrupt
calle peatonal *f*	Fußgängerzone
calvo	kahl
↯ cantaor *m*	Flamencosänger
canturrear	trällern
carnoso	fleischig
carretera *f*	Landstraße
carriles-bici *m pl*	Fahrradwege
casa señorial *f*	Herrenhaus
casco *m* antiguo	Altstadt
casco *m*	Helm
caso *m*	Fall
castillo *m*	Schloss, Festung
casualidad *f*	Zufall

causa *f*	Grund
celda *f*	Zelle
celos *m pl*	Eifersucht
celoso	eifersüchtig
ceñido	hauteng
chaleco *m* antibalas	kugelsichere Weste
chantaje *m*	Erpressung
chantajear	erpressen
chantajista *m*	Erpresser
chile *m* picante	scharfer Chili
chimenea *f*	Kamin
⚡ chirigota *f*	Karnevalsgruppe
chuletas *f pl* de cordero	Lammkotelett
cinturón *m*	Gürtel
circunstancias *f pl*	Umstände
cita *f*	Termin
coartada *f*	Alibi
cocido *m* madrileño	Kichererbsenseintopf (typisches Gericht aus Madrid)
coincidir	übereinstimmen
cola *f*	Schlange
colorada	*hier*: rot
como alma que lleva el diablo	als ob der Teufel hinter jmd. her wäre
competitivo	konkurrenzfähig
con decisión	entschlossen
concejal *m*	Stadtrat
conciencia *f*	Gewissen
confiado	vertrauensvoll
confuso	verwirrt
conocido *m*	Bekannter
constancia *f*	Beständigkeit

consuelo *m*	Trost
convencer	überreden
convicción *f*	Überzeugung
corresponsal *m/f*	Korrespondent(in)
crimen *m*	Verbrechen
cruel	grausam
cucurucho *m*	Papiertüte
cuello *m*	Nacken
cuerpo *m*	Körper; *hier*: Leiche
culpable	schuldig
darse *irr* la vuelta	sich umdrehen
de espaldas a	mit dem Rücken zu jmd.
decente	anständig
deducir *irr*	ableiten
defecto *m*	Macke
dejar de hacer algo	aufhören etw. zu tun
dejar	verlassen; *hier*: kündigen
deliberar	beraten
denuncia *f*	Anzeige
derrota *f*	Niederlage
desafiante	herausfordernd
desagradable	unangenehm
desastre *m*	Chaos
descubrir	entdecken
desesperado	verzweifelt
desgarrada	*hier*: herzzerreißend
desgraciadamente	leider
desmayarse	in Ohnmacht fallen
despeinado	schlecht gekämmt
destrozar	zerstören
desvelar	enthüllen

detalle *m*	Detail, Kleinigkeit
dispersar	verstreuen
distraído	zerstreut, geistesabwesend
dividir	teilen
dorado	golden
echar un vistazo	einen Blick werfen
efusiva	warmherzig
elogiar	loben
empujar	stoβen
encantado	sehr erfreut (jmd. kennenzulernen)
encanto *m*	Charme
encargo *m*	Auftrag
enemigo *m*	Feind
enojado	verärgert
enrojecer	rot werden
ensayo *m*	Probe
enterarse	erfahren
entrar corriendo	eilig hereinlaufen
entremecerse	zusammenfahren
entrenamiento *m*	Training
esbelta	schlank
escalera *f*	Treppe
escapar	fliehen, entkommen
escayolado	eingegipst
escena *f* del crimen	Tatort
escote *m*	Dekolleté
espejo *m*	Spiegel
espuma *f* de afeitar	Rasierschaum
estar *irr* a punto de	kurz davor sein etw. zu tun
estar *irr* de buen/ mal humor	gut/ schlecht gelaunt sein

estrecho	eng
evitar	vermeiden
fachada *f*	Fassade
fallecido *m*	Verstorbener
feroz	grausam
fingir	vortäuschen
firmeza *f*	Beharrlichkeit
foco *m*	*hier*: Scheinwerfer
fondo *m*	Hintergrund
forense	Gerichtsarzt
forzar	*hier*: einbrechen
fraude *m* fiscal	Steuerhinterziehung
frenético	hektisch
fuerza *f*	Kraft
fugaz	flüchtig
gerente *m*	Geschäftsführer, Manager
golpe *m*	Schlag
⚡ gordito	dick
gozar	genießen
gracioso	witzig
gritar	schreien
grito *m*	Schrei
grueso	dick
guardia *f* civil de tráfico	Verkehrspolizei
⚡ guiri *m/f*	ausländische(r) Tourist(in)
hacer público	öffentlich machen
homicidio *m*	Totschlag
huella *f* (dactilar)	Fingerabdruck
humilde	bescheiden
imbécil *m/f*	Idiot(in)
impecable	makellos

impuestos *m pl*	Steuern
incineradora *f*	Verbrennungsanlage
incinerar	verbrennen, einäschern
inconsciente	bewusstlos
inmediatamente	sofort
inquieta	unruhig
insistir	auf etwas bestehen
instalación *f*	*hier*: Anlage
instituto anatómico forense *m*	Gerichtsmedizinisches Institut
interrogar	befragen, verhören
interrogatorio *m*	Verhör
interrumpirse	sich unterbrechen
intimidar	einschüchtern
inversión *f*	Investition
investigar	ermitteln
juez *m*	Richter
ladrido *m*	Bellen
listo	fertig
luchar	kämpfen
lujosa	luxuriös
luminoso	leuchtend, hell, strahlend
madera *f*	Holz
mágico	zauberhaft
mal trago *m*	bittere Pille
maldita	verdammt
malhumorado	schlecht gelaunt
malicia *f*	Heimtücke
maltrato *m*	Misshandlung
mancha *f*	Fleck
mansión *f*	Villa
mareado	schwindelig

matrícula *f*	Nummernschild
mentir *irr*	lügen
mentira *f*	Lüge
meter	reinstellen, reinsetzen; *hier*: ins Gefängnis stecken
meterse	betreten
mientras	während
mochilero *m*	Rucksacktourist
modestia *f*	Bescheidenheit
nadie	niemand
notar	spüren, (be)merken
noticias *f pl*	Nachrichten
nube f	Wolke
nueces *f pl*	Nüsse
ocultar	verschweigen, verbergen
oficina *f*	Büro
oler	riechen
olor *m*	Geruch
ondulada	lockig
ONG (organización no gubernamental) *f*	NGO (Nichtregierungsorganisation)
otorgar	erteilen
⚡ oye	¡hey!
pálido	blass
para llevar	zum Mitnehmen
para servirle	*hier*: zu Ihren Diensten
pared *f*	Wand
paro *m*	Arbeitslosigkeit
paseo *m*	Promenade
patio *m*	(Innen-)Hof
patrulla *f*	Streife, Patrouille

pendiente *m*	Ohrring
percibir	wahrnehmen
pervertido	pervers
pésame *m*	Beileid
pescaíto *m* frito	frittierter Fisch
pícara	schelmisch
pinchazo *m*	Stich
⚡ pinta *f*	Anschein
pista *f*	*hier*: Spur
plantear	darstellen
poner *irr* rumbo	ansteuern
ponerse rojo/ nervioso *irr*	rot/ nervös werden
portazo *m*	Zuschlagen
preocuparse	sich Sorgen machen
pretender	beabsichtigen
prisión *f*	Gefängnis
probablemente	wahrscheinlich
propio	eigen
protección *f* policial	Polizeischutz
proteger	(be)schützen
provenir	entstammen
prueba *f*	Beweisstück
punzada *f*	Stich
quiebra *f*	Pleite
quitar	wegnehmen; wegräumen
rabia *f*	Wut
rampa *f*	Rampe
raro	komisch, merkwürdig
rasgos *m pl*	Gesichtszüge
realeza *f*	Königswürde
rebosar	überlaufen

recapitular	zusammenfassen, rekapitulieren
recobrar	zurückbekommen
recorrer	abklappern
red *f*	Netz
redondo	rund
reina *f*	Königin
repentina	plötzlich
repentinamente	plötzlich
resaltar	hervorheben
resolver *irr*	lösen, klären
responsable *m/f*	Verantwortliche(r)
retrato robot *m*	Phantombild
rígido	*hier*: starr
rizado	lockig
rondar	bummeln
rostro *m*	Gesicht
roto	gebrochen, kaputt
rugido *m*	Gebrüll
ruido *m*	Geräusch, Lärm
sábana *f*	Bettlaken; *hier*: Tuch
sabrosa	lecker
saliva *f*	Spucke, Speichel
saltar	springen, *hier*: herunterspringen
sangre *f*	Blut
sangrienta	blutig
seducir	verführen
servir *irr*	bedienen
seto *m*	Zaun
sigilosamente	leise
sobre *m*	Umschlag
sobresaltar	erschrecken

sollozo *m*	Schluchzen
sombrío	düster
sonreír	lächeln
soportar	ertragen
sospechoso *m*	Verdächtiger
sostener *irr*	halten
sótano *m*	Keller
subir	hochgehen; hochladen
sueldo *m*	Gehalt
susto *m*	Schreck
susurro *m*	Geflüster
tablao *m*	Flamenco-Bar
tablón *m*	Schwarzes Brett
tanatorio *m*	Leichenhalle
tardanza *f*	Verspätung
tener acceso a	Zugang zu etw. haben
tener miedo	Angst haben
timbre *m*	Klingel
tirantes *m pl*	Hosenträger
tirar	ziehen; wegwerfen
titubear	stammeln
todo el mundo	jeder
tomarse algo en serio	etw. ernst nehmen
torcido	krumm
tráfico *m*	Verkehr
tratarse de	sich um etw. handeln
triunfador *m*	Sieger
tumbado	hingelegt
un cuarto de frito variado *m*	250g verschiedene Fischsorten (frittiert)
urbanización *f*	Siedlung

vecindario *m*	Nachbarschaft
vecino *m*	Nachbar
vender	verkaufen
verdad *f*	Wahrheit
vestirse	sich anziehen
víctima *f*	Opfer
violencia *f* de género	Gewalt gegen Frauen
volar	fliegen
voluntario *m*	Freiwilliger

Tabla de ejercicios

SILVER compact LINE

Mit Sprachen glänzen – SilverLine
Für Schule und Beruf

SilverLine Kochbuch zum ...achenlernen

SilverLine Sofort sprechen

SilverLine Audio perfekt

...verLine ...hnell-Lern-Kurs

SilverLine Lernbox

SilverLine Sprachkurs

SilverLine Fit for Business English

SilverLine Die 2000 wichtigsten Wörter

SilverLine ... leicht gemacht!

SilverLine Chinesisch für Einsteiger

SilverLine Kurzgrammatik

SilverLine Bildwörterbuch

...ilverLine Universal ...roßwörterbuch

SilverLine Großwörterbuch

SilverLine Großes Wörterbuch

SilverLine PVC

SilverLine Taschenbuch

SilverLine Blitztraining

SilverLine Pocket

SilverLine Update

SilverLine Sprachführer für die Reise

SilverLine 111 Sprachrätsel

Compact Verlag GmbH
Baierbrunner Str. 27 · 81379 München · Tel. 0 89/74 51 61-0 · Fax 0 89/75 60 95
www.compactverlag.de · www.lernkrimi.de

	Compact Lernkrimi Classic	Compact Lernkrimi Kurzkrimis	Compact Lernkrimi Lernthriller
A1			
A2		Jakobsweg ohne Wiederkehr ISBN 978-3-8174-7840-8 Negocio mortal ISBN 978-3-8174-9216-9 Requiem für einen Torero ISBN 978-3-8174-7736-4	
B1	Die Jagd nach dem Phantom ISBN 978-3-8174-7415-8 Die Spur des schwarzen Reiters ISBN 978-3-8174-7414-1 Entführung aus dem Prado ISBN 978-3-8174-7817-0 In den Krallen von El Tigre ISBN 978-3-8174-7785-2 **Sammelband 3 in 1 (B1/B2)** Comisario García ermittelt ISBN 978-3-8174-7842-2	El Guitarrista del Diablo ISBN 978-3-8174-7947-4 Hasta nunca, corazón ISBN 978-3-8174-8546-8	Marionetas de la muerte ISBN 978-3-8174-8859-9
B2	Der unheimliche Mönch ISBN 978-3-8174-7615-2 Schwarzer Rioja ISBN 978-3-8174-7684-8 Tödlicher Flamenco ISBN 978-3-8174-7614-5		
C1 / C2	El último fandango ISBN 978-3-8174-8380-8		

Compact Lernkrimi
Hörbuch

Compact Lernkrimi
Audio-Learning

Compact Lernkrimi
Sprachkurs

		Spanisch für Anfänger (A1/A2) ISBN 978-3-8174-7843-9	**A1**
El misterio de la estudiante ISBN 978-3-8174-8267-2	Compact Lernkrimis auch in Englisch, Französisch, Italienisch und Deutsch erhältlich.		**A2**
Letzter Gruß aus Granada ISBN 978-3-8174-7744-9 **Música mortal** ISBN 978-3-8174-8861-2	**Sangría mit Schuss** ISBN 978-3-8174-7876-7		**B1**

Compact Lernkrimi
Rätselblock

El secreto de los amantes ISBN 978-3-8174-9157-5	**A2**
Sorpresa peligrosa ISBN 978-3-8174-8834-6	**B1**

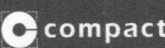